DANS LA MÊME COLLECTION

Barbarin, Georges : Comment vaincre peurs et angoisses.
- La Vie commence à 50 ans !
- Affirmez et vous obtiendrez.

Chartier, Jean : La Timidité guérie en 3 semaines.

Jagot, Paul-Clément : Le Pouvoir de la volonté, sur soi-même, sur les autres, sur le destin.
- La Puissance de l'autosuggestion.
- Comment développer votre mémoire.
- Comment acquérir la maîtrise de soi.
- La Timidité vaincue.
- L'Éducation de la parole.

Juveneton, Robert : Je m'affirme !

Lecerf, André : Cours pratique de graphologie.

Luzy, Antoine : La Puissance du regard.

Je m'affirme !

collection « Savoir pour réussir »

L'AUTEUR :

Diplômé de l'enseignement supérieur en gestion des entreprises et actuellement enseignant certifié en technologie tertiaire, l'auteur s'est tout d'abord intéressé aux rapports humains et à la communication interne dans l'entreprise. Il expérimente depuis plusieurs années des outils de communication afin de permettre de meilleures relations interpersonnelles, tout en restant soi-même.

En 1993, il crée l'association « Communication et relations humaines » (dans l'Indre-et-Loire), au sein de laquelle il anime des stages de formation à la communication, au développement personnel et à l'affirmation de soi auprès d'adolescents, d'adultes et d'étudiants (école de commerce), et nous fait partager le fruit de ses recherches au travers de cet ouvrage : *Je m'affirme !*

Robert Juveneton

Je m'affirme !

Un guide stimulant pour réussir dans vos relations

Editions Dangles
18, rue Lavoisier
45800 ST-JEAN-DE-BRAYE

ISSN : 0337-8268
ISBN : 2-7033-0430-7

Avant-propos

Ce recueil est un outil de développement. Il se veut vivant et c'est pour cela que je peux vous suggérer de souligner les mots, phrases ou encore passages, qui vous parlent tout particulièrement mais, plus encore, d'entourez, barrez, surlignez, dessinez et ajoutez vos notes personnelles, remarques, désaccords, exemples et pensées, directement sur les documents ou à la fin du recueil.

Je pensais que m'affirmer m'attirerait les foudres, que l'on allait me rejeter et ne plus m'aimer, et puis, ô surprise ! les cadeaux relationnels de la vie n'ont pas fini de me livrer leurs secrets...

Robert Juveneton.

PREMIERE PARTIE

Pourquoi m'affirmer ?

CHAPITRE I

Mes droits

L'éducation que j'ai reçue ainsi que mes diverses expériences m'aident à pouvoir juger si telle ou telle situation est bonne ou mauvaise pour moi.

Je perçois les choses, et je suis le seul à pouvoir les percevoir ainsi, car je suis *unique* par mon passé, par mes émotions et dans ma façon d'être.

1. Mes droits d'agir, de penser et de ressentir

Personne n'est habilité à me dicter ce que je dois penser ou comment je dois agir.

Je suis le seul responsable de mes agissements, de mes pensées et de mes sentiments.

Je suis aussi le seul responsable de leurs conséquences.

J'ai également le devoir de respecter les autres dans leurs décisions, avec les conséquences que cela implique pour eux, car ils sont eux-mêmes responsables de leurs actes et de leurs conséquences.

L'équilibre ? C'est lorsque les droits de chacun sont respectés : le dialogue est alors ouvert et l'échange peut avoir lieu dans un climat de communication saine.

Par intérêt économique, ou simplement pour me rassurer, je peux être tenté de rejeter l'autre ou de le discréditer s'il ne pense pas comme moi, de le culpabiliser ou encore de l'accuser de ne pas avoir les mêmes sentiments que moi.

2. Le droit de me tromper

Nul d'entre nous n'est parfait et, pourtant, nous nous sentons mal à l'aise et anxieux dès lors que nous avons commis une faute, une erreur.

Rappelons-nous notre scolarité où il était interdit de nous tromper et où chaque erreur donnait lieu à une réprimande ou une sanction. D'ailleurs, n'associe-t-on pas, dans la plupart des cas, le mot *sanction* à une *répression ?*

Nous nous sentons souvent accusés de nos imperfections par des manipulateurs qui exploitent largement nos faiblesses.

> ***J'ai le droit de bien faire, alors j'ai aussi le droit de me tromper.***

Voici un exemple :

– Tu n'as eu que 11 à ton devoir de maths ? Moi, quand j'avais ton âge, je n'avais jamais moins de 15 *(culpabilisateur)* !

– Pour ce devoir, c'est la troisième meilleure note de la classe *(explication),* et moi je trouve cela très bien *(affirmation de soi).*

– Tu as raison, je t'ai jugé trop vite.

Nombre de personnes sont malheureuses parce qu'elles voudraient que leur entourage (et, par extension, le monde entier) soit parfait. Elles recherchent la perfection, sans évidemment jamais la trouver, et essayent d'atteindre le bonheur relationnel sans jamais y parvenir.

3. Le droit de ne pas tout savoir

N'est-il pas formidable de se donner le droit de ne pas tout savoir et de pouvoir dire simplement :

– Je ne sais pas…

– Je rechercherai l'information…

– Je me renseignerai…

Même si parfois nous devons passer pour un Candide… *« Je ne suis pas censé tout savoir sur tout ! »*

Lorsque, dans une réunion, de nombreuses personnes ne comprennent pas un terme, un mot ou un nom, combien osent poser directement la question : « Que signifie ce terme, ce mot, ce nom ? »

Et, lorsqu'une personne se lance enfin et ose poser LA question, un grand « ouf » de soulagement peut être entendu dans la salle ; l'atmosphère est tout de suite plus détendue et ceux qui n'ont pas osé pensent : *« Enfin quelqu'un qui a posé la question à ma place ! »* Sous entendu : « C'est lui qui est passé pour un idiot de ne pas savoir… mon honneur est sauf et sans me mouiller, je connais l'information qui me faisait défaut. »

Ne pas savoir ou ne pas avoir compris est considéré dans notre société comme une tare, un manquement inaccepté et une honte, ce qui renforce notre protection vis-à-vis des autres et notre silence sur notre toute relative ignorance.

Qui n'a jamais redouté une question embarrassante de subalternes sans oser dire : « Je ne sais pas », ou encore l'angoisse que génère un entretien d'embauche : « Et si je ne pouvais pas répondre à une question ?... » Certains vont même se faire un malin plaisir de dénicher la faille en moi et l'exploiter contre moi.

Certains interlocuteurs apprécieront que je dise avec franchise : « Ceci, je ne connais pas, je ne sais pas... »

En fait, reconnaître ses limites et montrer que je ne suis pas parfait crève très souvent l'abcès et enlève le malaise relationnel.

4. Le droit de ne pas tout comprendre

Parfois, je peux ne pas comprendre quels sont les désirs de l'autre, ses sentiments. Je dois alors le lui exprimer clairement :

– Que veux-tu exactement ?

– Que ressens-tu ? Explique-moi, je ne comprends pas.

– Peux-tu m'en dire davantage ?

– Donne-moi plus d'informations afin que je puisse avoir la meilleure perception possible.

Dans une relation interpersonnelle, combien il est difficile de comprendre correctement si le dialogue est fait de :

– Ah ! Je pensais que tu pensais que...

– Je pensais avoir compris que...

– J'avais imaginé que... car tu n'avais rien dit.

– Je croyais que...

La communication est coupée si chacun fonctionne dans le NON-DIT.

Aussi est-il indispensable que je demande à mon interlocuteur s'il a bien compris ce que je veux, et de lui permettre de me poser des questions afin d'obtenir davantage de détails qui lui seront nécessaires pour me percevoir le mieux possible (je développerai ce thème plus loin).

5. Le droit d'évoluer dans mes relations

Le droit d'évoluer réside aussi dans le fait de **se révéler** et d'**instaurer une relation de confiance.**

Ce type de relation sera d'autant plus possible que nos interlocuteurs seront prêts à l'ouverture et au dialogue.

Si j'ai le désir de développer une relation profonde avec quelqu'un, je devrai me montrer avec ce que je considère être mes qualités et mes imperfections.

Les liens sont d'autant plus forts que l'on se révèle mutuellement en profondeur.

6. Le droit d'être le plus heureux possible

La quête du bonheur me conduit à dire que je ne suis pas contraint de plaire à tout le monde, et si je me respecte et que j'accepte de ne pas vouloir être parfait, je deviendrai alors de plus en plus moi-même, plus authentique, tout en sachant que je ne plairai pas à tout le monde.

En fait, vouloir être aimé de tous nous empêche d'être nous-même, d'évoluer et d'être heureux...

... Et puis, ne pas plaire à quelqu'un se traduit souvent par de l'indifférence et ne nous attire que très rarement les foudres. Alors, est-ce si important d'obtenir l'amour de *tout* le monde ?

Voici une liste de droits proposés par J. Smith, psychologue américain :

– Vous êtes le seul responsable de vos comportements et de leurs conséquences.
– Vous avez le droit de ne pas justifier votre comportement.
– Vous avez le droit de ne pas assumer les problèmes des autres.
– Vous avez le droit de changer d'avis et d'opinion.
– Vous avez le droit à l'erreur sans être coupable.
– Vous avez le droit de dire : « Je ne sais pas. »
– Vous avez le droit de ne pas plaire.
– Vous avez le droit de ne pas être logique.
– Vous avez le droit de dire : « Je ne comprends pas. »
– Vous avez le droit de ne pas être parfait, sans devoir toujours vous améliorer.

CHAPITRE II

Au fond, peut-on changer ?

Mon comportement me dérange parce qu'il ne me convient plus, et c'est à ce moment que je peux me donner les moyens de changer.

1. Eviter de se faire la morale

Se faire la morale *(Il n'est pas bien que...)* ou encore prendre de grandes décisions (*Il ne faut plus que...* ou : *A partir d'aujourd'hui il faut que...*) mène, dans la quasi-totalité des cas, à l'échec ; on retombe tout aussi rapidement dans nos dysfonctionnements.

Je dois regarder plutôt **quels avantages je tirerai de ce changement.**

Changer implique de perdre les valeurs sûres, celles que l'on connaît, qui nous rassurent et que l'on remplacera par une nouvelle façon de faire encore inconnue, et c'est entre autre pour cela que l'on résiste au changement.

En essayant un nouveau comportement, je vais m'apercevoir si je suis plus satisfait et plus heureux dans mes relations avec les autres.

J'essaie de nouveaux comportements là où je souhaite changer, non pas parce que moralement « il faut », mais parce que j'ai plus avantage à changer qu'à conserver mon fonctionnement actuel.

2. Eviter de croire que je ne peux pas changer

Il est très fréquent d'entendre dire : « Je suis comme ça, on ne me changera pas », ou encore : « Il est né comme ça », comme si chacun d'entre nous avait une personnalité immuable, alors qu'une des caractéristiques de l'être humain est précisément de pouvoir s'adapter et d'intégrer des comportements nouveaux.

Bien sûr, certains comportements seront difficiles à modifier et, si vous pensez ne pas pouvoir changer, il est fort probable que vous ne ferez pas l'effort nécessaire pour y parvenir.

Nous pouvons aussi avoir l'impression que notre vie est contrôlée par des forces extérieures et nous nous laissons parfois manipuler par des théories extrêmement générales et réductrices (numérologie, caractérologie, astrologie, pire encore : voyance et diseurs d'avenir en tout genre...). Ces disciplines peuvent faire énormément de tort si les intéressés croient qu'ils ne peuvent pas décider *eux-mêmes* de la conduite de leur vie.

« Je suis fait comme ça !... » : cela nous donne une bonne raison de ne rien faire et de continuer à croire aux interprétations générales de la personnalité !

> ***« Nous ne savons renoncer à rien.***
> ***« Nous ne savons qu'échanger une chose contre une autre. »***
>
> **Sigmund Freud.**

3. Les étiquettes

Nous connaissons tous dans notre entourage des personnes qui adoptent l'étiquette du dépressif, du fatigué, du débordé, etc., afin de contrôler leur entourage, en exigeant des autres qu'ils fassent leur possible pour ne pas aggraver leur problème.

Pour évoluer, ce type de comportement « étiquette » est négatif.

Le changement personnel dépend peu de facteurs extérieurs et sûrement pas du fruit du hasard.

4. Est-il dangereux de découvrir du nouveau sur soi ?

En lisant les pages qui vont suivre, vous allez certainement vous reconnaître à un moment ou à un autre. L'important, c'est que vous ayez envie de changer vos propres fonctionnements qui ne vous conviennent plus. Le doigt est mis sur ces choses qui vous dérangent, mais vous n'avez pas encore les moyens d'y remédier seul.

Le sentiment d'angoisse ne va-t-il pas augmenter ?

« Je sais ce qui ne me convient plus, ce que je ne veux plus, mais je ne sais pas encore ce que je vais mettre à la place de l'ancien fonctionnement. »

Il est possible que, dans un premier temps, je puisse mal vivre mes découvertes, puisque j'appuie là où j'ai mal et que je ne me suis pas encore soigné ; mais ce mal n'est pas nécessairement traumatisant.

Simplement, lorsque je viens de faire une découverte sur moi, elle ne doit pas rester en moi mais doit être **extériorisée** par des mots.

Nous ne pouvons accéder à nous-même que si nous entrons en communication avec un autre qui saura écouter, ne pas juger et accepter notre propre désir.

On ne sort jamais seul de ses difficultés : nous avons tous besoin des autres ; penser que l'on peut évoluer seul est une réaction enfantine et de fausse volonté.

De toute façon, se faire aider des autres est une chose importante mais…

Chacun doit trouver en lui-même sa propre vérité.

L'important, c'est de verbaliser, et donc de partager (j'y reviendrai souvent). En d'autres termes, je souhaite mettre le doigt sur le fait que **le dialogue authentique et sincère ne peut être que bénéfique.**

L'angoisse du mal-être, liée à une découverte sur moi, sera considérablement atténuée grâce à la parole. J'intégrerai mon nouveau comportement peu à peu ; je l'expérimenterai, et mon angoisse disparaîtra avec le temps.

5. Les bienfaits du groupe

L'école, les stages, les sports collectifs ou encore les groupes de développement personnel, peuvent apporter une aide à ceux qui y adhèrent et permettre aux participants de voir que le groupe forme une unité et qu'il a une vie propre.

On y apprend à écouter l'autre, à le respecter, à échanger et à s'exprimer. Cela nous permet également de comprendre quelle est notre place au sein d'un groupe (passif, leader, affirmé...).

J'ai peur de la vie et je meurs un peu chaque jour, ou alors j'ose la vie et je m'épanouis.

CHAPITRE III

Les comportements négatifs

1. Le comportement de fuite

Lorsqu'une personne doit faire face aux réactions d'autrui, un comportement possible est la fuite (les autres étant l'attaque, la manipulation, ou l'affirmation de soi).

Le comportement de fuite (ou comportement passif) se caractérise par le fait que l'individu ne respecte pas ses propres besoins, droits et sentiments. Il les oublie ou ne leur accorde pas d'importance par rapport à ceux de l'autre. Cela permet à l'autre de choisir à sa place. Il accepte tout des autres sans rien demander pour lui-même. Le passif montre par ses réactions qu'il a tort et que l'autre a raison. La personne passive réagira en déclarant :

« Excuse-moi d'être là, fais comme si je n'y étais pas, je ne suis pas important, ne t'occupe pas de moi… »

Devant des personnes ou des événements dérangeants, le «fuyard» préfère se soumettre ou s'en aller. En adoptant cette attitude, il va générer une angoisse ou même une forte anxiété pouvant aller jusqu'aux maux de tête et à l'insomnie.

Les signes les plus fréquents de l'attitude de fuite et de passivité sont :
– se ronger les ongles ;
– serrer les dents ;
– rire nerveusement ;
– tapoter des doigts sur la table ;
– remuer nerveusement les orteils…

a) Les différentes attitudes de fuite

L'attitude de fuite se présente sous des formes diverses et variées. Connaître les différentes attitudes de fuite est un outil précieux afin de mieux se connaître et de comprendre les autres. Cela permet de développer des attitudes plus positives. Voici différentes attitudes de fuite :

– Le **geignard** cherche à se faire plaindre et passe pour une victime.

– Le **bloqué** se sent paralysé dès qu'il a quelque chose à formuler ; modeste, timide et silencieux, il est souvent passif.

– L'**irresponsable** trouve toujours un argument ou un prétexte, mais n'est jamais responsable de la situation : ce n'est pas de sa faute.

– Le **surmené,** très agité, toujours pressé, marche vite, n'a jamais le temps, ne regarde pas les gens comme s'il voulait les éviter.

– Le **craintif** remet toujours à plus tard, ne décide rien ; il a peur d'agir, peur d'échouer, car il craint les déceptions.

– Le **velléitaire** commence un travail, ne le termine jamais et, pour cacher sa passivité, fait partie des surmenés.

– Le **coupable** a peur de déranger, porte la misère du monde et s'excuse à la moindre occasion.

– L'**éternel adjoint** n'aime pas être vu, reste au second plan et perd pied dès qu'il est sous les projecteurs ; il est modeste et refuse les compliments.

– La **bonne poire** veut tellement être gentil et se faire aimer qu'il se fait exploiter et se laisse manipuler. Se culpabilise.

– L'**indifférent** a l'esprit de conciliation, n'exprime pas ses idées et laisse les autres décider à sa place : « Ça m'est égal », dit-il.

– Le **peureux** évite les situations difficiles et les gens avec lesquels il n'est pas d'accord. Il panique facilement et est paralysé par la peur. Sa devise : « Courage, fuyons. »

– Le **conformiste** se fait tout petit dans le groupe par peur des autres, est toujours d'accord avec les idées émises et peut rapidement changer d'avis pour plaire et éviter la confrontation.

– Le **pessimiste** a un sentiment d'impuissance, s'active beaucoup, brasse de l'air et pense « on » n'y arrivera pas.

– Le **béni-oui-oui,** toujours d'accord, ne supporte pas le conflit et a peur de déplaire.

– L'**assisté** ne prend aucune initiative, attend tout des autres et se laisse porter par le système.

– Le **faux calme** semble posé et calme, s'enflamme tout d'un coup car il ne supporte plus la situation. Il éclate, mais sans aucune efficacité, et ferait plutôt rire de lui, ce qui l'énerve encore plus.

La plupart des personnes qui adoptent l'attitude de fuite se sentent obligées de se justifier, invoquant toutes sortes de prétextes.

En voici quelques exemples :

– « On n'a pas besoin de connaître mon avis », ou « Mon avis n'a pas d'importance ».
– « Je n'ai pas envie de me faire mal voir. »
– « Il faut laisser les gens libres. »
– « Je ne veux pas dramatiser. »
– « Il faut toujours arrondir les angles. »
– « Pourquoi se fâcher. »
– « Il faut savoir faire des concessions. »
– « Je ne suis pas le seul à me plaindre. »
– « Je ne veux pas ralentir ce débat par mes interventions non constructives. »
– « Les choses ne sont pas toujours bonnes à dire. »

b) Exemples d'attitudes de fuite

Exemple 1 :

Madame regarde tranquillement la télévision.

Monsieur arrive dans le salon, change de chaîne et dit : « Moi, je veux regarder le tennis, c'est bien plus intéressant que ton film ! »

Madame ne dit rien ; elle ne veut surtout pas fâcher son mari, ou encore choisit de se plaindre ou bien de bouder.

Ce comportement provoquera certainement en elle un sentiment de malaise et de frustration.

> ***Oser s'affirmer, c'est oser exister.***
> ***Oser s'affirmer, c'est oser la vie.***

Exemple 2 :

Madame : *attitude de fuite.*
Monsieur : *manipulateur.*

– Monsieur : « C'est l'heure, est-ce que le repas est prêt ? »
– Madame : « Pas encore, excuse-moi. J'ai reçu un coup de fil de Maryse. »
– Monsieur : « Si tu passais moins de temps au téléphone et devant la télévision, tu ne serais pas toujours en retard ! »
– Madame : « Tu as raison, je suis désolée. Je sais bien que tu es fatigué, ce ne sera plus long. Et je voulais te dire que ce soir j'aimerais aller au cinéma. »
– Monsieur : « Comment ça ? Et qui va s'occuper du bébé ? »
– Madame : « Mais peut-être que… »
– Monsieur : « Non alors ! Moi j'ai travaillé toute la journée, j'ai bien le droit de me reposer. »

Cette femme se dévalorise et deviendra facilement déprimée.

c) Conséquences négatives de l'attitude de fuite

Une personne qui fuit alors que la situation exige une attitude affirmative va, à terme, en subir les effets négatifs.

Les principales conséquences négatives sont :

– La **souffrance personnelle :** le mal-être, l'anxiété, la peur, les maux de tête, parfois les insomnies.
– **Perte du respect de soi :** cette attitude de fuite amène la personne à accepter de faire des activités qu'elle estime peu à la place d'activités bénéfiques.
– Une **perte considérable d'énergie :** l'attitude de fuite est un système de défense demandant une quantité d'énergie énorme qui serait mieux utilisée à des actions constructives pour soi et pour les autres.

N'oublions pas que **notre énergie disponible est précieuse et limitée.** Ainsi, toute l'énergie utilisée dans l'attitude de fuite ne peut pas l'être dans l'attitude d'affirmation de soi.

2. L'agressivité

a) Qu'est-ce que l'agressivité ?

L'agressivité est une attitude d'attaque : au lieu de s'affirmer calmement et fermement, l'agressif préfère obliger les autres à se soumettre à ses préférences et ne tient aucun compte de leurs droits. Il communique très clairement et directement ses propres besoins et ses sentiments. Ses propos sont :

« Je pense cela, je tiens absolument à ce que tu m'écoutes ; tu es stupide de penser différemment. Voici ce que je veux et tu vas le faire. De toute façon, ce que tu penses n'a pas d'importance. Tu n'es pas important. »

Ce comportement peut être efficace pour atteindre un but s'il produit de la crainte chez l'autre et l'amène à se soumettre. Mais il peut aussi produire de la colère ; l'agressif se retrouve souvent seul et déprimé.

Les signes fréquents de l'agressif sont :
– parle fort ;
– parle plus que les autres ;
– coupe la parole ;
– a un air méprisant ;

– manifeste violemment sa désapprobation ;
– sourit ironiquement ;
– a des mimiques méprisantes.

b) Les différentes attitudes d'agressivité

L'agressivité revêt des formes très variées et l'on peut être agressif sans même s'en rendre compte.

Voici différentes attitudes d'attaque et d'agressivité :

– L'**arriviste** ne pense qu'à lui au détriment des autres. Il a l'esprit de compétition et déclare : « C'est lui ou moi ! »

– Le **revanchard,** toujours amer, toujours prêt à se venger. Sa devise : « Œil pour œil, dent pour dent. »

– Le **sans-gêne,** que rien ni personne n'intimide, abuse de toutes les situations.

– L'**intolérant** juge et condamne ; c'est un destructeur.

– Le **persécuteur** a l'air de prendre un réel plaisir à brimer les autres, à les rabaisser et à leur faire mal.

– Le **méprisant** prend souvent un air hautain et blasé, c'est « Monsieur je connais tout ». Il peut être très acerbe, voire méchant. Pour lui, le seul moyen d'exister est d'écraser les autres.

– L'**esprit de contradiction** s'oppose systématiquement aux idées émises (faute de pouvoir s'imposer), et détruit sans rien construire.

– Le **saboteur** noircit l'avenir dans ses prévisions. Il déclare : « On en reparlera », et mettra tout en œuvre pour faire échouer le projet pour finalement dire : « Je vous avais pourtant bien prévenu ! »

– Le **combattant,** sur ses gardes, toujours prêt au combat, se sent en permanence agressé et ne pense que rapport de force et bagarre.

– Le **susceptible** ne supporte pas la moindre contrariété, s'emporte tout de suite. Il veut montrer une image parfaite de lui.

– Le **mielleux,** trop poli pour être honnête ; derrière sa gentillesse se cache une agressivité. Toujours prêt à bondir.

– La **grande gueule** n'écoute pas les autres ; bruyant, il est toujours prêt à donner son avis.

– Le **dictateur** dont le pouvoir repose sur la peur et la menace.

– Le **suicidaire,** téméraire, se met en première ligne, prêt à relever tous les défis dangereux.

– Le **prétentieux** pense être supérieur aux autres ; il écrase tout le monde de ses savoirs et de son expérience : aurait-il tant de choses à se prouver que cela ?

– Le **sauveur** se sent investit d'une mission : sauver le monde ; sans lui, tout s'écroule.

– Le **solitaire** met une barrière entre lui et les autres afin de se protéger. Il n'aime pas les contacts.

– Le **dévalorisateur** met le doigt sur le défaut de l'autre, incapable de voir l'aspect positif d'autrui.

Les personnes qui adoptent cette attitude agressive invoquent toutes sortes de prétextes.

En voici quelques exemples :

« La raison du plus fort est toujours la meilleure. »
« Le monde d'aujourd'hui est une jungle. »
« Dominé ou dominant ? Moi, j'ai choisi mon camp. »
« Les gens sont des imbéciles ! »
« Tous les mêmes… »
« Les autres sont des salauds ! »
« Les faibles d'esprit sont des petites natures sans intérêt. »

c) Application

Notez ci-dessous :

1. Les expressions agressives que vous employez et qui vous viennent à l'esprit :

✍ ....

✍ ....

✍ ....

✍ ....

2. Les expressions agressives que vous vous êtes entendu prononcer :

✍ ....

✍ ....

✍ ....

✍ ....

Exemple d'attitude agressive :

Pierre et Marie ont trois enfants. Depuis huit jours, leurs voisins d'immeuble se font une joie de fêter musicalement, chaque soir, leur nouvelle chaîne stéréo. Le volume sonore, bien trop fort, empêche les enfants de dormir.

Excédé, Pierre décide de frapper la cloison plusieurs fois avec son poing, espérant qu'ils comprendront. Aucun résultat. Le lendemain, n'y tenant plus, il se décide et sonne chez les voisins : la porte s'ouvre et Pierre décharge toute son agressivité et sa colère accumulées avec des mots très hostiles.

La porte claqua et le volume sonore augmenta de plus belle. Depuis, les deux voisins sont fâchés et ne se parlent plus.

d) Conséquences négatives de l'attitude d'attaque

La personne agressive a de plus en plus confiance dans son fonctionnement sans se rendre compte des dégâts psychologiques qu'elle provoque autour d'elle. Ce type de comportement se retournera contre l'agressif dès que les rapports de force seront moins à son avantage.

Les principales conséquences négatives sont :

– **Perte d'énergie psychologique :** toutes les attitudes d'attaque impliquent une forte dépense d'énergie.

– **Mépris d'autrui :** peu à peu, l'agressif perd toute amitié, toute considération et tout amour.

– La **revanche :** agressivité de personnes concernées envers la personne agressive.

– **Efficacité apparente :** l'agressif pense avoir gagné parce que dominateur, mais ferait bien d'être prudent car le « retour de flamme » le guette.

– La **solitude guette :** les agressifs peuvent provoquer aussi une attitude de fuite. L'agressé ne dit plus rien de peur de s'attirer les foudres. La communication s'amenuise et l'information ne passe plus entre l'agressé et l'agresseur.

– **Etre mal aimé :** nous avons tous besoin d'être aimé, considéré et respecté. En se sentant repoussé, l'agressif se sentira frustré et malheureux.

3. La manipulation

a) Le comportement « manipulateur »

Le philosophe italien Machiavel attachait plus d'importance au pouvoir et à la stratégie qu'à l'éthique. C'est en ce sens qu'il peut être considéré comme un manipulateur de première…

Mais, au fond, chacun de nous a un jour essayé cette forme de séduction pour obtenir une permission de ses parents, pour demander un service ou une faveur à quelqu'un. Certaines personnes sont passées expertes dans ce type de comportement, appelé *manipulation.*

Le comportement manipulateur peut être considéré comme une façon de satisfaire ses propres désirs par des moyens détournés. C'est une façon d'exploiter les autres, en changeant d'avis si nécessaire et en usant de compliments, de flatterie et si besoin de menaces.

Les **signes fréquents** du manipulateur sont :
– parle bas ;
– ne s'implique pas, ne donne pas son avis ;
– manque d'authenticité et joue un rôle ;
– cherche la « petite bête » ;
– tient des propos ambigus ;
– a le regard fuyant.

b) Les différentes attitudes de manipulation

– Le **culpabilisateur** exerce une sorte de chantage moral, jouant sur les interdits, les convictions et les scrupules.

– Le **dévalorisateur** permet de faire perdre la face à son interlocuteur, en particulier s'il n'est pas sûr de lui. Tout à fait négatif s'il s'agit d'une dévalorisation devant des tierces personnes.

– Le **flatteur :** attitude très fréquente chez les manipulateurs, la flatterie et la séduction sont deux armes ressenties amèrement par le manipulé.

– Le **calculateur** pense : « Ai-je intérêt à agir de telle ou telle façon afin d'atteindre mon but ? »

– Le **simulateur** joue ; c'est un comédien que l'on finit par ne plus croire, même lorsqu'il joue avec franchise.

L'enfance laisse des traces : simuler est un moyen de se faire entendre des parents.

– Le **déformateur** utilise l'information émise par l'autre et n'en amplifie qu'un aspect afin de déformer et de caricaturer les propos.

Exemple d'attitude de manipulation :

– Fred : « Bonjour Bernard, peux-tu me prêter 20 F ? J'ai besoin d'aller m'acheter des cigarettes. »

– Bernard : « Non, tu me dois déjà 200 F. »

– Fred : « Ben d'habitude tu es sympa, tu me dépannes *(flatterie)* ! »

– Bernard : « Oui, je sais, mais en ce moment je ne suis pas bien riche et… »

– Fred : « Que t'arrive-t-il ? Tu n'es pas bien ? »

– Bernard : « Si, si, mais tu comprends, j'ai besoin de mon argent pour… »

– Fred : « T'es radin, tu as de l'argent en trop, j'ai faim et tu ne veux même pas m'aider. Je ne peux vraiment pas compter sur toi *(culpabilisation).* »

– Bernard : « Excuse-moi, mais je… »

– Fred : « Bon quand tu veux, j'attends *(manipulation)…* »

– Bernard : « Allez, ça va, je te les donne ces 20 F ! »

On voit, dans cet exemple, que Fred manipule Bernard qui n'arrive pas à s'affirmer et finit par céder pour se débarrasser de son agresseur qui ne cesse de le culpabiliser.

Nous verrons plus loin une façon de réagir face à ce genre d'individu irrespectueux.

c) Conséquences négatives de l'attitude manipulatrice

Une personne qui adopte un comportement manipulateur ne respecte pas les besoins et les désirs de l'autre, mais cherche à satisfaire ses propres besoins aux dépens d'autrui.

Le manipulateur déguise ses besoins en principes : « Tu devrais faire comme ceci… Il faut agir comme cela… »

En n'étant pas respectées, les personnes manipulées éprouveront un sentiment de malaise et réagiront soit passivement, ne sachant que faire, soit se révolteront sentant qu'elles se sont « faites avoir » et attendront l'heure de la revanche. Mais, de toute façon, la confiance va s'amenuiser et même disparaître.

Passivité, agressivité et manipulation : trois façons d'être qui n'engendrent pas des relations harmonieuses et qui ne sont, finalement, que des fonctionnements de compensations absorbant énormément l'énergie.

Voici donc maintenant l'affirmation de soi, que je vous propose de découvrir.

DEUXIEME PARTIE

L'affirmation de soi

Une relation saine laisse la place à la liberté de l'autre.

Problème des neuf points

Reliez les neuf points entre eux par quatre lignes droites seulement, et sans que votre crayon ne quitte la surface du papier… ni ne repasse sur aucune ligne, une ligne pouvant en couper une autre :

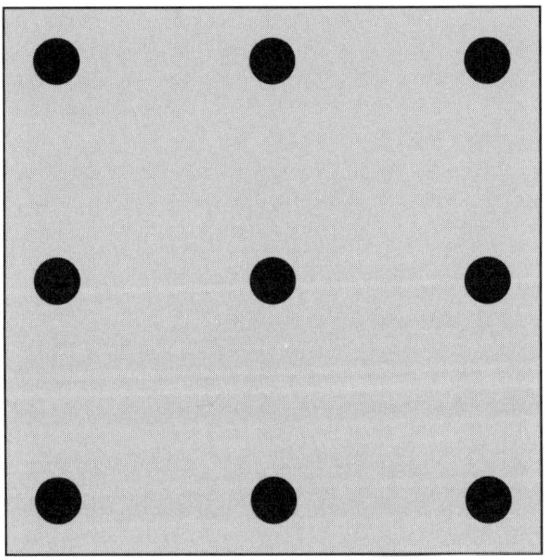

Solution en fin d'ouvrage…

CHAPITRE IV

Comment s'affirmer ?

On a souvent tendance à confondre « affirmation de soi » et « agressivité ». N'entend-on pas dire d'une personne affirmée qu'elle est difficile, distante, voire contestataire et « jamais d'accord » avec les autres ?

Notre système culturel a développé ces aspects négatifs que sont la manipulation, l'agressivité ou encore la passivité. Nos façons de penser et de voir les autres évoluent ; notre façon de nous voir et de nous considérer aussi.

L'homme du XXe siècle a besoin de se découvrir en lui-même. Il est en passe de s'en donner les moyens.

Ce guide pratique se veut être un outil parmi d'autres, l'affirmation de soi et le respect des autres contribuant à une meilleure communication.

1. Etre affirmé

Qu'il s'agisse d'agressivité, de manipulation ou de passivité, il n'est pas question de bannir complètement ces types de comportements.

Il est parfois nécessaire de sortir de ses gonds, de se retrancher ou de s'écarter de la relation avec l'autre que l'on sent devenir dangereuse pour soi, et cela tout simplement pour se protéger également des personnes avec qui le dialogue devient impossible.

2. Je deviens affirmé donc j'existe

Je suis affirmé, j'exprime spontanément et clairement mes idées ; je suis alors quelqu'un de ferme et de calme à la fois.

Tout en étant ferme, cela ne m'empêche pas de respecter les autres. Ils me respecteront d'ailleurs d'autant plus que je les respecte. S'ils m'estiment, c'est parce que j'ai de la considération pour moi-même.

Lorsque que je suis affirmé, je peux exprimer sans difficulté :

– qui je suis ;
– ce que je veux ;
– ce que je ressens ;
– mes droits ;
– mes devoirs.

Je montre ma personnalité telle qu'elle est, et cela ne suscite pas de réactions hostiles. Je suis capable de prendre des décisions difficiles ou de ne pas penser comme la majorité.

Application :

Citez six points positifs qui vous caractérisent :

✍ ....

✍ ....

✍ ....

✍ ....

✍ ....

✍ ....

Se reconnaître dans ses qualités, c'est commencer à s'aimer.

S'affirmer, c'est aussi oser des relations honnêtes et authentiques ; c'est **écouter, donner et recevoir.** De plus, être à l'écoute de l'autre permet de s'affirmer au moment le plus propice. S'affirmer, c'est aussi accepter les différences, être tolérant et ne pas croire que je suis LA référence.

L'affirmation de soi permet de développer la spontanéité, non plus d'agir uniquement « pour s'adapter à la situation ».

S'affirmer est une façon saine d'agir. Cependant, il est évident que l'on ne peut pas être totalement affirmé dans cent pour cent des situations (rapport avec son supérieur hiérarchique, avec certaines administrations, avec des personnes particulièrement bornées…).

Certes, me voilà affirmé dans la majeure partie des situations, mais quel chemin ai-je parcouru pour arriver jusque-là ?

3. Les règles de base

Vous trouverez, dans les chapitres suivants, des techniques afin de communiquer positivement et donc de façon constructive.

Mais, tout d'abord, certaines règles sont à respecter à chaque fois que cela vous sera possible :

✿ *Règle 1 :*

Choisir le bon moment. Si je sens que la personne est peu disponible ou agacée, j'évite alors « d'en rajouter ». Je remets à un peu plus tard – si cela est possible – ce que j'avais à dire. Dans ces moments-là, si je demande quelque chose, j'aurai toutes les chances d'essuyer un refus ou encore de connaître une relation difficile et désagréable.

✿ *Règle 2 :*

Me rendre disponible, ou alors je risque de ne pas être réceptif. Si je ne me sens pas disponible, il est possible de le verbaliser et de remettre l'échange à un peu plus tard.

✿ *Règle 3 :*

Utiliser le « Je », et éviter d'employer le « tu » ou le « vous » accusateur (voir chapitre : *Je me positionne*).

✿ *Règle 4 :*

Régler les problèmes au fur et à mesure, et ne pas laisser s'accumuler les rancœurs, les ressentis négatifs ; crever l'abcès dès qu'il apparaît. Les petits problèmes qui s'accumulent finissent par constituer un vrai gros problème, jusqu'au jour où cette fameuse goutte d'eau fait déborder le vase… et là, j'explose !

✿ *Règle 5 :*

Je m'adresse directement à la personne concernée pour une communication franche et sans ambiguïté. Parler de mon problème à d'autres ne le réglera en rien, et risque même de mettre mal à l'aise mes interlocuteurs.

✿ *Règle 6 :*

Ne pas régler un conflit en public. La personne se sent alors accusée publiquement, comme devant un tribunal. Remettons la résolution du conflit ou du problème à plus tard, à un moment où nous serons seuls et où il nous sera possible d'en rediscuter en tête à tête afin de trouver sereinement un compromis.

❁ *Règle 7 :*

Eviter de comparer mon interlocuteur avec... Rappelons-nous que nous sommes unique. Si je compare, c'est que je place l'autre, la plupart du temps, dans un état d'infériorité. Il se sentira alors passif et mal à l'aise, agressif ou sur la défensive.

❁ *Règle 8 :*

Ne pas s'excuser constamment pour un oui ou pour un non. De plus, s'excuser prend rapidement des allures de passivité.

❁ *Règle 9 :*

« Toujours » et « jamais » à bannir. Voici deux mots très généraux et catégoriques. Associés au « tu » et au « vous », l'accusation est complète.

Exemple : « Tu arrives toujours en retard ! » Est-ce réellement *toujours ?*

❁ *Règle 10 :*

M'exprimer de façon claire et précise. A vouloir en dire trop, puis se perdre dans les explications, mon interlocuteur finit par ne plus savoir ce que je veux et où je veux en venir. S'exprimer de façon directe (voir chap. VI).

❁ *Règle 11 :*

Exprimer ses ressentis (voir chap. VI).

❁ *Règle 12 :*

Vérifier si mon message a été compris par le moyen du feed-back (voir chap. VII).

❁ *Règle 13 :*

Eviter les mimiques, qui sont une façon de procéder manipulatrice et destructrice. Adopter plutôt des mots clairs. Au travers de mes gestes et mimiques, l'autre va essayer de comprendre et d'interpréter ; il deviendra agressif à cause d'une communication non directe, et il aura aussi le sentiment d'être dévalorisé ou même humilié, car les gestes en tout genre peuvent en dire long.

❀ *Règle 14 :*

Bannir l'ironie qui sera, à juste titre, considérée comme du mépris, encore plus piquant s'il y a d'autres personnes présentes. L'humiliation n'a jamais permis de créer une ambiance conviviale propice au dialogue.

❀ *Règle 15 :*

Exprimer une idée à la fois, ou une critique ou un compliment. Trop d'idées en même temps ne peuvent être écoutées ; elles deviennent parasites les unes par rapport aux autres et ont pour conséquence de faire fuir.

❀ *Règle 16 :*

M'exprimer sereinement avec un débit de paroles modéré. Un débit élevé devient rapidement stressant et mon interlocuteur « décrochera » vite.

❀ *Règle 17 :*

Ecouter l'autre, écouter ses idées sans lui couper la parole et utiliser l'information qu'il émet pour développer la relation (voir chap. VIII).

❀ *Règle 18 :*

Ne pas me considérer comme LA référence, mais tenir compte de nos différences, de nos divergences de point de vue et reconnaître l'autre comme unique.

❀ *Règle 19 :*

Ne pas pointer que le négatif, mais montrer aussi qu'il y a du positif et que je l'ai remarqué, sans non plus tomber dans la flatterie.

❀ *Règle 20 :*

La mauvaise foi sera évidemment à bannir si je veux devenir affirmé.

❁ *Règle 21 :*

Ne pas demander l'impossible, et ce n'est pas parce que je deviens affirmé qu'il faut « forcer la main » ; cela deviendrait alors de la manipulation.

❁ *Règle 22 :*

Je suis positif ; j'émets d'une part des critiques et, d'autre part, des solutions réalistes et réalisables.

Rendez ce document vivant et surlignez, par exemple, les règles qui vous manquent pour améliorer votre affirmation positive.

Je peux faire un bout du chemin menant à une communication harmonieuse, mais c'est aussi à l'autre d'en faire une partie.

Combien de fois passons-nous à côté d'une rencontre parce que nous n'avons pas osé ? parce que nous avons basé l'instant sur l'attente et le non-dit ? Adoptons une attitude VIVANTE.

CHAPITRE V

Yeux, voix et physique

1. S'affirmer en dehors des mots

Vous l'avez compris : nous avons à notre disposition bien d'autres façons de nous affirmer et de communiquer que la seule utilisation des mots. Nous nous affirmons sans même nous en rendre vraiment compte, grâce à notre corps qui est constitué de capteurs (ouïe, vue, odorat, épiderme…) et d'émetteurs.

Ce sont ces émetteurs d'information qui prennent toute leur importance lorsque l'on communique. N'oublions pas que nous n'exprimons pas tout avec des mots : cela serait impossible et surtout, l'être humain y perdrait en spontanéité, en complicité…

Attention toutefois aux messages exprimés de façon verbale, contredits par une attitude inadaptée au discours.

Exemple :

Une personne peut se dire en pleine forme, mais son attitude est nonchalante, elle marche en traînant les pieds, a le visage fermé et la tête rentrée dans les épaules.

2. Mes yeux

Mon regard exprime tant de choses : il peut être tendu, agressif, convivial, triste… Ne dit-on d'ailleurs pas : « Avoir les yeux expressifs. »

Un simple clin d'œil, ou un regard, peut faire passer une complicité en une fraction de seconde ; aucun mot ne peut remplacer ce court instant.

Regarder l'autre dans les yeux augmente le niveau d'implication des deux personnes. La fuite, la manipulation ou l'agressivité peuvent s'opérer par le regard. L'affirmation de soi aussi.

Exemple :

J'ai obtenu un rendez-vous d'embauche et je suis face à mon employeur potentiel. Je passerai pour quelqu'un de plus crédible, de plus assuré et de plus direct si je le regarde en face.

Il ne s'agit pas non plus de confondre regarder en face et fixer (ce qui peut être alors considéré comme provocateur et donc agressif) ; il faut alterner : regarder les yeux, regarder ailleurs. Par exemple, lorsque je réfléchis, mes yeux ont tendance à se diriger d'eux-mêmes vers le sol, c'est-à-dire vers le plus profond de mon être. Ces instants de concentration sont importants pour une affirmation calme et positive.

Toutefois, si j'éprouve des difficultés à regarder les gens dans les yeux, en particulier dans des moments importants, je peux concentrer mon regard à la base du nez, entre les

Pour m'affirmer, je dois savoir quoi dire, comment le dire avec des mots et avec mon corps.

deux yeux ou encore sur le front ou le menton. Mon interlocuteur n'y verra rien, et moi je n'aurai pas à soutenir un regard qui peut me gêner.

Ne plus regarder l'autre en face peut lui signifier que l'on a envie de mettre un terme à la conversation.

3. Ma voix

Trop faible ou trop forte... vous voyez tout de suite les désagréments que cela peut engendrer : c'est-à-dire donner l'impression d'être passif ou au contraire agressif (« C'est celui qui parle le plus fort qui a raison »...).
Les gens dotés d'une voix « haut perchée » sont perçus comme des personnes peu persuasives.

Une façon efficace et affirmée de communiquer est d'adopter un *débit de paroles pas trop rapide,* ce qui permet de diffuser des mots clairs, d'où une sonorité agréable. Et puis, parler un peu lentement me permet de restructurer mes idées au fur et à mesure que je parle et à mon interlocuteur, de « me suivre » dans mes idées.

En résumé, la voix se caractérise par sa qualité, sa hauteur, son volume, son débit et sa vitesse.

Exercice : regard et voix :

Avec un partenaire, placez-vous debout face à face à une distance d'environ 20 cm, et regardez-vous (travail sur le regard et les quatre caractéristiques de la voix).
L'un dit « oui » très faiblement mais très distinctement ; l'autre dit « non » de la même façon.
Puis, continuez en prononçant « oui » et « non » de plus en plus fort et, à chaque fois, en vous éloignant chacun d'un pas.

Vous êtes maintenant éloignés l'un de l'autre ; recommencez l'exercice en disant « oui » et « non » faiblement puis, en vous rapprochant, parlez de plus en plus fort, toujours en vous regardant dans les yeux.

Après l'exercice, échangez avec votre partenaire vos impressions : ce qui vous a semblé le plus facile, le plus dur, quel timbre de voix vous a le plus convenu, la distance entre vous où vous étiez à l'aise…

4. Mon visage

Que de choses sont exprimées par mon visage : mes mimiques, mes rictus, mes tics, des grimaces… mais des impressions très variées peuvent aussi être ressenties par l'autre, comme mes tensions, mes soucis, ma fatigue, mon âge, mon accueil, ma santé, mon bien-être, mon mal-être…

Un sourire peut en dire long, parfois bien plus que des mots. *Le sourire sur un visage, c'est la chaleur, la vie.*

Mais il n'est pas question de sourire pour sourire :

Le sourire montre à l'autre une ouverture et un accueil de ma part.

Alors, offrez votre sourire à ceux que vous estimez, à chaque fois que le cœur vous en dit.

5. Mes gestes

Je m'affirme aussi avec mes mains, mes bras et mon corps. Mes gestes sont toujours utiles lorsqu'ils sont modérés.

Si je suis statique, mon corps paraît mort (bras pendants le long du corps ou bras croisés, épaules basses et rentrées…) et mes messages sont alors moins affirmés.

Si je suis agité, mon interlocuteur va vite se fatiguer devant tant de mouvements et il y a de fortes chances pour qu'il ait envie de fuir rapidement devant la tempête que je représente. A ce moment, je « brasse de l'air », ce qui devient totalement inefficace et négatif pour un échange chaleureux et enrichissant.

6. La distance sociale

C'est cette distance, que nous laissons entre nous, qui est plus ou moins importante et se caractérise par notre culture, l'importance de nos sentiments respectifs, ainsi que la façon d'exprimer un message.

En effet, dans nos pays occidentaux il est considéré comme peu convenable de parler à des gens à moins d'une certaine distance, au risque d'être considéré comme agressif, de violer le territoire de l'autre, comme si nous devions être protégé par un cylindre invisible dans lequel personne ne devrait pénétrer (sauf si nous donnons notre accord).

Cette distance n'étant plus respectée, je me sentirais alors en danger : on ne sait jamais et si on me frôlait, si on me touchait !... J'aurais tout de suite un mouvement de recul et un air mal aimable...

Lorsque ce « cylindre invisible » est transgressé par mégarde, on se confond en excuses et en gênes de tout genre et, parfois, on devient même agressif par le geste et/ou par le regard ou encore la parole. Quelqu'un me bouscule dans un supermarché, ou encore, je frôle quelqu'un dans la rue, alors « Grrr !!! des fois que j'entrerais en contact... ».

Cette distance sociale n'est transgressée dans notre culture que de rares fois :

– lorsque nous sommes proches affectivement de quelqu'un ;

– dans l'intimité ;

– quand nous sommes malades ou lors de soins corporels ;
– dans certains sports ;
– lorsque nous dansons.

Combien de personnes vont voir leur médecin puis leur kinésithérapeute pour obtenir un contact accepté socialement. Sans en être conscientes, c'est d'abord ce contact par le physique et la parole qu'elles recherchent, plutôt qu'une maladie qui est souvent un support.

Et ces sports dits modernes tels que le tennis ou la planche à voile, qui sont tout à fait louables mais où le contact n'a pas de place… J'irai même plus loin en disant qu'au tennis, le filet est un obstacle « infranchissable » par les joueurs, ou encore la table au ping-pong…

Comment entrer en relation si nous gardons trop souvent nos distances ?

Cela dit, trop de distance – ou pas assez – peut aussi nuire à la communication.

La bonne distance est celle où chacun se sent à l'aise.

Exercice :

Avec un partenaire, placez-vous à trois mètres l'un de l'autre, tout en vous regardant dans les yeux. Commencez à parler, par exemple du temps, tout en marchant l'un vers l'autre lentement.

A quel moment allez-vous vous sentir mal à l'aise ? Avez-vous tous deux la même distance sociale ?

7. Les contacts physiques

Comme la distance sociale, le contact physique est lié à la situation, à l'affectivité et à notre culture.

Le contact physique n'est, la plupart du temps, accepté que s'il s'inscrit dans une démarche sociale, comme nous l'avons vu (intimité, sport, danse, soins…).

Nous acceptons peu le contact physique spontané comme s'il s'agissait de quelque chose de mal. Le toucher est un réel tabou et, pourtant, s'affirmer passe aussi par une main mise spontanément sur une épaule par exemple ou sur un bras.

Le toucher peut alors développer un sentiment de culpabilité, ce qui amène nombre d'entre nous à être froids et distants vis-à-vis de gens que nous ne connaissons pas ; rejet de certaines activités physiques (boxe, massages…), blocage pour nous avancer et entamer une conversation avec un ou une inconnu(e), voir deux personnes flirter nous met mal à l'aise, timidité et inhibitions en tout genre, tendance aux séparations et aux divorces, rejet de la valse ou de la samba au profit de danses qui n'exigent aucun contact corporel et, pour clore le tout, des heures entières isolé devant un ordinateur, un jeu vidéo ou la télévision qui nous coupent de tout type de relations avec notre entourage.

Les occasions de nous toucher deviennent si rares que nous en oublions le sens réel !

Se toucher est une composante indispensable pour une bonne santé physique et morale. Il a été prouvé scientifiquement qu'un bébé touché fréquemment par ses parents s'épanouit bien plus vite qu'un bébé recevant peu de contacts. Pour les adultes, contacts physiques et échanges verbaux sont indispensables : ils permettent de recharger nos « batteries » respectives.

Bien reposé et muni d'une « batterie » pleine d'énergie nous nous affirmons plus aisément, même dans les moments difficiles.

La poignée de main est l'un des seuls contacts que les hommes ont entre eux (toujours dans notre culture ; par exemple, en Turquie, les hommes se tiennent fréquemment par la main ou par les épaules, et s'embrassent chaleureusement).

Une poignée de main franche et ferme indique une personnalité directe et affirmée ; une main molle nous donne l'impression de rencontrer une personne qui manque de dynamisme, de volonté et de personnalité.

Un agressif peut également nous écraser la main. Afin d'éviter ce genre de désagrément, une astuce consiste à placer franchement notre main le plus loin possible dans la main de l'autre, comme cela il ne lui est plus possible de nous écraser les doigts.

8. L'habit ne fait pas le moine

Ma personnalité et mon état d'esprit du moment sont également visibles grâce à ma tenue vestimentaire, mais aussi au travers de ma coiffure, des accessoires utilisés, de mon parfum…

Tous ces éléments extérieurs reflètent une part de mon intérieur et, par conséquent, de mon être intérieur. L'image que je donne de moi n'est donc pas anodine, mais le principal est de savoir si je me sens bien dans mes affaires ? Si je réponds oui, alors il est pour moi plus aisé de m'affirmer.

Exercice :

Quels sont les vêtements dans lesquels je me sens bien ?

✍ ....

Quelle est la tenue dans laquelle je me sens le mieux ?

✍ ....

L'ai-je aujourd'hui sur moi ? Et si non, pourquoi ?

✍ ....

Est-ce que je me force à porter des vêtements que je n'aime pas ? Quels sont-ils ?

✍ ....

Pourquoi est-ce que je continue à porter ces vêtements ?

✍ ....

9. Exercice d'affirmation de soi

Avec une autre personne que vous appréciez, choisissez un sujet de discussion, par exemple votre quartier, votre auto, votre travail, vos voisins, votre ville, la contraception, l'éducation des enfants… Parlez de ce sujet pendant quatre minutes, puis faites-le évaluer par l'autre (tableau p. 56).

– Je trouve que mon/ma partenaire ne s'affirme pas du tout : *colonne de droite.*

– Je trouve que mon/ma partenaire s'affirme correctement : *colonne du milieu.*

– Je trouve que mon/ma partenaire s'affirme mal : *colonne de gauche.*

Mettez une **croix** sur chaque intersection d'évaluation.

Mon partenaire s'affirme :			
Avec :	Trop	Correctement	Trop peu
Ses yeux :			
Son visage :			
Ses gestes :			
Sa voix : – Hauteur : – Volume : – Vitesse/débit :	....	....	....
TOTAL DES CROIX :			

Prenez ensuite quelques minutes pour discuter de l'évaluation, en tenant compte du fait qu'elle est aussi en fonction des ressentis de l'autre qui ne peut être neutre dans ses jugements. Puis inversez les rôles.

Cela pourra vous guider sur les points forts et les points faibles de votre mode de communication.

Conclusion :

Quels sont les points que je souhaite améliorer ?

✍ ....

✍ ....

✍ ....

✍ ....

✍ ....

CHAPITRE VI

L'expression verbale

1. Je me positionne

L'emploi du « Je » (première personne du singulier) est essentiel si je souhaite me situer comme personne unique et affirmée. En utilisant cette « première personne » que je suis, je me positionne, j'existe, et les autres me reconnaissent en ce que je suis.

Adopte le « Je » ; ne manipule pas les « On ».

User du « On » ou du « Nous » est une façon de communiquer bien ancrée dans notre culture qui considère que le « Je » est une forme d'expression égoïste, voir nombriliste.

Utiliser le « Je » implique directement, et cela peut nous mettre en face de jugements et de critiques possibles ; mais, être confronté à ces situations, n'est-ce pas aussi cela s'affirmer ?

Et quand je dis : « *On* pense que les vacances sont trop courtes »… je peux dire : « *Je* pense que les vacances sont trop courtes. » C'est mon droit.

Quand je dis : « *Nous* aimons beaucoup la mer »... je peux dire : « *J'*aime beaucoup la mer. »

Les « Il faut que », « Il faudra que », « Il va falloir que »... sont aussi des façons peu authentiques de communiquer. Quand je dis : « Il faudra que l'on se revoit », le message ne serait-il pas plutôt : « Je dis cela par convention, en fait, je ne souhaite pas précisément que l'on se revoit. »

Si je suis direct et sincère, n'est-il pas préférable de dire alors soit : « Je désire te revoir », soit, si ce n'est pas le cas, oser... ne rien dire.

Les sentiments s'expriment d'une façon claire et directe avec la première personne du singulier : le « Je ».

Lorsque je prononce « On » ou encore « Nous », **je cherche à me protéger ;** cette forme de communication ne m'implique pas directement, ce qui contribue à une ambiguïté relationnelle.

2. Le parler franc. Le franc-parler

Quelle est la valeur de mon « Oui » – ou de mon « Non » – lorsque je réponds à une question ?

Le *oui* qui veut dire *oui,* et celui qui laisse entendre *non...* Et puis, si je m'écoutais, je serais déjà sincère avec moi-même, quitte à ne pas répondre tout de suite et prendre quelques secondes, quelques minutes, ou même quelques heures de recul et de réflexion pour ne pas répondre *oui* lorsqu'une petite voix, au fond de moi-même, me souffle de dire *non.*

Exemple :

Lorsque mon mari me demande : « Veux-tu jouer avec moi au tennis ? » et que je suis calme, plongée dans un livre passionnant au chaud, alors que dehors il fait froid... dois-je lui dire *oui* pour lui faire plaisir, ou bien commencer par écouter quelle est mon envie, quel est mon désir ?

Ai-je envie de rester seule, relaxée au chaud avec mon livre passionnant ? Ai-je envie d'être au tennis, avec lui, en tenant compte que cela lui fera plaisir ?

J'ose alors lui « offrir » un *oui* ou un *non* qui vient du fond de mon être, direct et sincère.

a) Oui ou non ? Si tu veux…

Là où nous ne nous écoutons pas et où nous ne nous affirmons pas, c'est lorsque nous prononçons ces réponses vagues et impersonnelles, si souvent employées que sont les *« Si tu veux… »*.

> ***« Si tu veux » n'est pas un « non », mais ce n'est pas non plus un « oui ».***

Au travers d'un « Si tu veux… » je peux entendre :

– C'est pour te faire plaisir…

– Je vais faire un effort car je n'ai pas réellement envie…

– Je n'ai pas d'avis et cela m'arrange que tu décides pour moi…

– Je n'ose pas dire non…

– Je n'ose pas dire oui, alors je dis « Si tu veux » mais, au fond de moi, je pense très fort oui…

Alors, osons exprimer clairement un « oui », un « non » ou même un « Je ne sais pas » (nous avons aussi le droit de ne pas savoir). Mais, dans tous les cas, exprimons un désir et ne laissons pas nos désirs et notre personnalité à l'abandon de telle manière que les autres les gèrent à notre place.

b) Ne veux-tu pas ?

Qu'ai-je envie de répondre ? « Non, je ne veux pas. » Alors, faisons attention à ces questions interro-négatives qui peuvent nuire à l'échange.

Exemple :

Au lieu de : « Ne veux-tu pas venir au cinéma avec moi ? » (je peux me demander s'il a vraiment envie que j'aille avec lui ?), il est préférable d'employer l'interrogation directe : « Veux-tu venir au cinéma avec moi ? »

Pire encore (si c'est possible !), deux négations dans notre phrase ou dans notre question, et l'autre finit par ne plus comprendre notre propos !

Exemple :

« Ne penses-tu pas que Pierre n'a pas raison ? », ou encore : « Ne voudrais-tu pas ne pas passer par cette route ? »

Il faut un temps de réflexion avant de répondre, avec toutefois le risque de voir la communication parasitée et le quiproquo s'installer à cause de ces négations ambiguës.

Dans le cas où une personne nous parle d'une façon peu précise, nous pouvons utiliser le feed-back (voir chap. VII) et reformuler la phrase sans ambiguïté.

Exemple :

– Lui : « Ne penses-tu pas que Pierre n'a pas raison ? »

– Moi : « Tu me demandes si Pierre a tort ? C'est bien cela ? »…

3. Exprimez sincèrement vos sentiments

Une des premières règles pour une bonne relation est la sincérité et l'authenticité de nos propos, ainsi que la clarté de ce que nous disons.

a) La parole pour nous libérer

Nous avons tous, à notre disposition, un formidable instrument de communication : la parole. Parler nous permet d'entrer en contact, de développer des relations profondes, de nous épanouir, de régler nos problèmes…

> ***« Ce que l'on conçoit bien s'énonce clairement et les mots pour le dire arrivent aisément. »***
>
> **Nicolas Boileau.**

Parler de nos difficultés permet de nous libérer avec des mots (et non pas avec des maux !), de ne pas tout garder pour nous. Partager aura pour effet de diminuer notre anxiété et de nous rendre plus serein.

En contrepartie, nous devons savoir que s'exprimer est une façon limitée de nous faire comprendre et, aussi clair que nous pourrions l'être dans nos mots, ce que nous disons peut attirer des malentendus, ou être mal interprété, peut-être parce que nous n'avons pas employé des mots suffisamment explicites.

Exemple :

Dans la vie, Antoine est un homme sincère. Il est 8 heures ; il arrive au bureau comme chaque matin, et dit à Marie, sa collègue : « Je trouve que tu as une superbe robe ce matin. »

Réponses possibles de Marie :

• Marie *flattée :* « Merci, tu as remarqué… Je l'ai achetée hier soir ; je la trouve superbe moi aussi. »

• Marie *susceptible :* « Pourquoi, parce que d'habitude mes robes sont moches ? »

• Marie *fuyante :* « Oh ! Tu parles, c'est une robe toute simple que je n'ai pas payée bien chère ! »

Nous voyons, à travers ces exemples, que dans le premier cas Marie accepte le compliment sincère d'Antoine, tout simplement.

Dans le deuxième cas, pour le même compliment, si Marie ne le prend pas au premier degré, elle va se poser des questions et commencera à interpréter le propos d'Antoine ; elle veut donner une image d'elle parfaite, ne se laisse pas aller et rejette le compliment sincère qu'Antoine lui offre.

Dans le troisième cas, Marie se dévalorise (sous-entendu : « Je ne suis pas importante ») ; elle n'ose accepter le compliment et le « rend » à Antoine.

N'oublions pas que les mots sont imparfaits de la part de celui qui les prononce, mais aussi pour celui qui les entend car :

Je parle… :

– En fonction des imperfections de ma langue maternelle.

– En fonction de mon passé.

– En fonction de mon éducation.

– Avec mon accent.

– Avec mes mots propres et mes expressions personnelles.

– Pour moi, chaque mot a une définition souvent différente de celle de mon interlocuteur.

– …

J'entends... :

– En fonction de l'attention que j'accorde au discours.
– Selon mon expérience.
– Selon la motivation que j'ai à écouter.
– En fonction de mon état d'être du moment.
– En fonction du type de relation que j'entretiens avec mon interlocuteur.
– ...

Alors, comment améliorer la communication verbale ?

b) Osez la sincérité

Voici une façon d'améliorer la qualité de la communication : exprimer ses sentiments.

« Ah ! oui, mais si j'exprime mes sentiments sincèrement, cela risque d'être dangereux pour moi... »

Mais, au fait, *pourquoi y aurait-il danger ?*

Revenons quelques instants à notre passé, et voyons quel est le message « non-dit » transmis aux enfants :

– Méfie-toi de tes sentiments...
– Ils peuvent être dangereux pour toi...
– Donc, ne dis surtout pas ce que tu ressens...
– Protège-toi, ne ressens pas trop de choses fortes...
– Dire tes sentiments peut se retourner contre toi, car on ne t'aimeras que si tu te comportes et ressens comme nous, tes parents, et nous désirons que tu te comportes et que tu sois...

Cela implique que pour être accepté et aimé des autres, nous allons, à l'âge adulte, *calquer un comportement social sur notre façon d'être,* et cela implique que nous sommes déjà loin d'être nous-même.

Exemples :

– Je suis un homme, alors je peux dominer, me fâcher, mais il ne m'est pas accordé d'exprimer mon chagrin d'amour et de pleurer…

– Je suis une femme, alors j'ai le droit d'être fragile, de me plaindre de mes maux, mais il ne m'est pas accordé de taper du poing sur la table…

Allons au-delà de nos messages reçus et de nos inhibitions, **osons exprimer nos ressentis.**

Etre affirmé, c'est oser et savoir exprimer ses sentiments sans être rejeté ou manipulé par autrui.

Alors, que l'on soit homme ou femme, exprimer ses sentiments est un moyen efficace de communiquer. Habituellement, nous osons exprimer nos opinions et nos ressentis dans des lieux accueillants, où l'on se sent en confiance et où l'écoute est grande : famille, amis, lieux de vacances, etc.

En revanche, nos idées et nos sentiments sont largement refoulés lorsqu'il s'agit de notre lieu de travail, à l'école, à l'armée, etc., où la personnalité de chacun est « laissée à la porte », comme pour se fondre dans une norme où l'on fonctionnerait comme un robot qui doit répondre à certains critères (ne pas avoir de sentiments, d'état d'âme, ne rien exprimer de profond, pas d'opposition, ne pas faire de vagues…).

Alors, arrêtons de dissocier ces lieux et redevenons nous-même. Une dépense d'énergie considérable est engloutie dans ces contrôles permanents de soi ; gardons cette énergie pour d'autres actions, plus enrichissantes et plus authentiques, en utilisant l'outil « affirmation de soi ».

c) Se connaître à travers ses sentiments

Les sentiments que nous pouvons éprouver et exprimer peuvent être regroupés en quatre grandes familles. Je vous propose une application sur les quatre grands sentiments que sont :

– La peur.
– La colère.
– La tristesse.
– La joie.

Parmi ces quatre sentiments, quel est celui que vous vous attribueriez spontanément ?

✍ ....

Décrivez ci-dessous, en quelques lignes, dans quelles occasions et quelles circonstances s'exprime ce sentiment que vous venez de vous attribuer :

✍ ....

✍ ....

✍ ....

✍ ....

✍ ....

Voici une liste (page suivante) des manifestations de ces quatre sentiments. Je vous propose de surligner les sentiments exprimés dans chacune de ces colonnes que vous éprouvez parfois, ou souvent…

PEUR :	COLERE :	TRISTESSE :	JOIE :
Agité	Agacé	Abattu	Accueillant
Angoissé	Amer	Apathique	Affectueux
Anxieux	Contestataire	Blessé	Agréable
Coincé	Contrarié	Découragé	Aimé
Confus	Critique	Dégoûté	Allègre
Coupable	Détesté	Déprimé	Amoureux
Craintif	Dur	Délaissé	Chaleureux
Défensif	Enervé	Désespéré	Chanceux
Désorienté	Envieux	Désolé	Décontracté
Dévalorisé	Excité	Détaché	Emerveillé
Effrayé	Frustré	Embarrassé	En forme
Emotif	Furieux	Ennuyé	En harmonie
Faible	Hostile	Fatigué	Enthousiaste
Fourbe	Insatisfait	Honteux	Equilibré
Harcelé	Hystérique	Humilié	Exubérant
Humble	Jaloux	Inintéressant	Gai
Inhibé	Mécontent	Isolé	Heureux
Modeste	Mesquin	Laid	Intense
Nerveux	Rancunier	Naïf	Libre
Paniqué	Râleur	Mal à l'aise	Joyeux
Perdu	Renfrogné	Malheureux	Optimiste
Pessimiste	Révolté	Négatif	Passionné
Sauvage	Trompé	Négligé	Plein d'espoir
Timide		Nostalgique	Ravi
Tendu		Rejeté	Reconnaissant
Timoré		Triste	Satisfait
		Vaincu	Sympathique
		Vide	Tendre
TOTAL :	TOTAL :	TOTAL :	TOTAL :

Puis, faites le total des mots surlignés dans chacune des quatre colonnes.

Quel est mon sentiment dominant (total le plus élevé) ?

✍ ....

Est-ce le même sentiment que j'ai choisi, avant de lire la liste des sentiments ? ❒ OUI – ❒ NON

Y a-t-il des sentiments sur lesquels j'ai hésité et que je n'ai pas osé me reconnaître ? ❒ OUI – ❒ NON

Si vous avez répondu oui, alors je vous invite à relire la liste des sentiments et, cette fois, soulignez ceux que vous n'avez pas osé vous attribuer.

Exercice pratique :

Sélectionnez et notez trois adjectifs entourés ou soulignés dans chaque colonne :

✍ ....

✍ ....

✍ ....

Rédigez un scénario, réel ou imaginaire, dans lequel vous utiliserez les douze adjectifs sélectionnés :

✍ ....

✍ ....

✍ ....

✍ ....

✍ ....

✍ ....

✍ ....

d) La façon d'exprimer ses sentiments

Connaître les différents sentiments et ses sentiments dominants est important, mais *savoir les exprimer* est tout aussi capital pour une bonne communication.

Exemple :

Je suis dans la voiture d'un ami et je trouve qu'il roule trop vite. Je peux lui dire :

– « *Tu* roules trop vite, c'est très imprudent. »
En exprimant cela, je ne m'implique pas et je n'exprime pas directement mes sentiments. De plus, en utilisant le *tu*, je porte une accusation et un jugement (c'est très imprudent) et, ce que je dis là est une sorte de conseil et de vérité absolue.

– Si j'exprime directement ce que je ressens, je pourrai dire : « *Je* trouve que tu roules vite et cela me fait peur. »
Dans cette façon directe d'exprimer mon sentiment, le conducteur se sentira alors respecté et non pas agressé. Il pourra alors faire sa propre critique et réagir en tenant compte de ma personnalité.

En ce qui concerne les sentiments amicaux ou amoureux, la façon de m'exprimer reste la même.

Exemple :

« J'aime ta façon de t'habiller » est plus direct et m'implique plus que : « Tu es bien habillé » qui prend, là aussi, une connotation de vérité universelle.

Commencer une phrase par « Je… » ou encore par « Cela me… » est une façon claire et enrichissante de communiquer.

Application :

Notez, sous chacune de ces phrases, ce qu'il serait préférable de dire :

– « Tu es désagréable quand tu parles fort. »

✍ ....

– Une mère dit à son fils : « Tu traverses la route sans regarder, tu es imprudent. »

✍ ....

– Un père à sa fille : « A l'école, tu travailles de plus en plus mal. »

✍ ....

– Un chef de service à un employé : « Vous êtes de moins en moins efficace et votre travail est incomplet. »

✍ ....

– Au téléphone, un ami à un autre ami : « Tu es vraiment trop bavard et tu es médisant sur les gens de ta famille. »

✍ ....

En communication duale, le *tu* devient accusateur et engendre souvent chez l'autre le sentiment d'être agressé voire de se sentir persécuté : il sera alors sur la défensive.

CHAPITRE VII

Le feed-back

Comme je l'écrivais dans le chapitre précédent, lorsque nous prononçons des mots ou des phrases :

– Sommes-nous bien compris ?
– Nos mots ont-ils été suffisamment clairs ?
– Notre interlocuteur a-t-il interprété nos propos ?
– Nos paroles sont-elles entendues au premier degré ?

Afin de nous assurer si notre message est bien passé, utilisons une technique simple :

1. Le feed-back, ou demande de confirmation

Je viens de m'exprimer sincèrement en disant ce que je ressens et ce que je pense, alors je « vérifie » si mon interlocuteur a bien compris ce que je viens de dire.

Je l'écoute, puis nous pouvons échanger et chacun peut alors apporter des informations afin d'affiner nos idées respectives.

Exemple :

Mike : « J'aimerais prendre l'air, voudrais-tu venir marcher avec moi ? »

Eve : « Si tu veux. »

Dans cet exemple, Mike vient d'exprimer un désir, mais il ne sait pas si sa proposition fait plaisir à Eve ou si elle se force pour lui faire plaisir. D'autre part, Eve ne s'affirme pas et n'émet aucun sentiment personnel.

Reprenons cette même conversation avec un feed-back :

Mike : « J'aimerais prendre l'air, voudrais-tu venir marcher avec moi ? »
Eve : « Ma foi, oui. » *(Réponse directe mais hésitante dans la voix.)*
Mike : « Est-ce que cela te fait plaisir ? En as-tu vraiment envie ? » *(Feed-back.)*
Eve : « L'idée est bonne, mais je préférerais aller marcher après avoir fini mon travail, dans une heure environ. » *(Donne de l'information.)*
Mike : « D'accord, ça me va. » *(Compromis.)*

Nous voyons, grâce à cet exemple, qu'un terrain d'entente vient d'être trouvé et que les deux protagonistes se sont respectés mutuellement. Chacun a communiqué de façon affirmative en révélant ce qu'il a pensé et ressenti, tout en tenant compte de l'autre.

Voyons, au travers de ce qui peut être dit, une façon de communiquer où chacun reste dans son propre monde sans s'ouvrir à une relation d'écoute et de compréhension.

Voici le dialogue d'un couple : Pierre et Magali.
(Tableau ci-contre.)

PIERRE Pense :	PIERRE Dit :	MAGALIE Dit :	MAGALIE Pense :
J'ai faim !	Le repas n'est pas encore prêt ?	Ça ne va pas se faire tout seul !	Il dit ça, mais il ne fait rien !
Mais pourquoi me parle-t-elle ainsi ?	Que fais-tu ce soir à manger ?	Peu importe... Continue à ranger tes affaires.	Et en plus, il est gonflé !
Qu'est-ce qu'elle est agressive ce soir... Tiens, je ne vais pas me laisser faire !	Ce soir, je vais voir Jacques.	C'est ça, va-t'en !	Qu'il me fiche donc la paix !
Oh ! la pression monte !... Il faut arrêter, sinon ça risque de mal se terminer.	Que se passe-t-il ? J'ai dit quelque chose qui t'a blessée ?	Eh bien, j'ai le sentiment que tu ne t'intéresses à moi que pour te mettre les pieds sous la table !	Il voit que quelque chose ne va pas, il faut que je le lui dise.
Voyons, n'y a-t-il pas un malentendu ? Il vaut mieux ouvrir le dialogue.	Et qu'est-ce que j'ai fait qui te semble si désagréable ?	J'ai l'impression que tu me reproches que le repas n'est pas prêt à l'heure...	Je dis tout, jusqu'au bout, sans l'agresser. Peut-être que je me fais des idées après tout ?
Bon, je vais essayer d'exprimer les choses calmement et clairement. Visiblement, il y a un malentendu.	Simplement que ce soir, je me sens très fatigué et je ne pensais qu'à me laisser aller.	J'interprétais, et c'est tout de même mieux de se dire ce que l'on pense et ressent. Allez, viens...	Je me trompais. C'est bien que je me sois exprimée clairement.

2. Résumons le feed-back

a) Je m'exprime sincèrement.
b) Je vérifie si mon message a été entendu correctement et sans avoir été interprété.
c) Je reprécise si nécessaire.
d) J'écoute mon interlocuteur.
e) S'il y a désaccord, recherche de compromis.

Toutefois, si mon interlocuteur est direct et franc et n'utilise pas cette façon de communiquer, je peux alors moi-même confirmer et lui demander si je comprends correctement ses propos :

a) Il s'exprime sincèrement.
b) Je reprends son idée et lui demande si c'est bien cela qu'il a voulu me dire.
c) Il précise si cela est nécessaire.
d) J'écoute ses précisions.
e) Je peux alors m'exprimer et donner mon point de vue.

CHAPITRE VIII

Le dialogue

Nous avons vu l'importance des mots et la façon de s'exprimer lors d'une conversation, mais l'écoute est aussi un outil précieux en affirmation de soi.

1. A la rencontre de l'autre

Ecouter n'est pas toujours facile et nombre de personnes adoptent une attitude de jugement, de conseil, d'approbation ou de désapprobation, au lieu d'écouter et de prendre le temps nécessaire à la rencontre de l'autre, ce qui nous permettrait de mieux le connaître et donc de mieux le comprendre et d'être ainsi plus tolérant.

Je grandis aussi grâce aux paroles des autres.

La relation s'enrichit lorsque je sais, entre autres :
- écouter de façon passive ;
- écouter de façon active ;
- poser des questions ouvertes ;

– poser des questions fermées ;
– utiliser le feed-back (voir chapitre VII).

2. L'écoute

a) L'écoute passive

La relation verbale est faite de temps de prise de parole et d'écoute (du moins il faut l'espérer !).

Nous pouvons nous considérer en « état d'écoute » lorsque nous montrons un intérêt aux propos de l'autre.

L'écoute passive est d'abord une façon d'être :

Je regarde mon interlocuteur car j'accorde de l'importance à ce qu'il dit (notons au passage que lorsque mon regard est fuyant ou que je me laisse distraire par mon environnement, c'est qu'il y a de fortes chances pour que j'ai envie que le dialogue cesse).

Mon attitude ira dans le sens de l'écoute :
– J'acquiesce de la tête.
– Je prononce des mots brefs *(oui, bon, O. K...).*
– Je prononce des phrases brèves *(D'accord, pourquoi pas, continue...).*

Mon regard direct et mon attitude mettent l'accent sur l'intérêt que je porte à l'autre.

Il est bien évident qu'il s'agit, par l'écoute, de s'affirmer et donc d'affirmer sa sincérité. Si ce n'est pas le cas, alors

Pour qu'une relation soit enrichissante,
les paroles sont nécessaires ;
les silences aussi.

j'essaie d'exprimer le plus directement possible et sans blesser l'autre que je ne suis pas (ou plus) disponible pour l'écouter (voir chap. X : *Refuser*).

b) L'écoute active

Voici une autre forme d'écoute. Une première chose importante (comme pour l'écoute passive) c'est que **nous laissons nos jugements de côté afin d'être le plus ouvert possible** et pouvoir accueillir l'autre tel qu'il est.

Lorsque nous pratiquons l'écoute active, il n'est pas question de nous transformer en « récepteur-accepteur d'informations », mais d'ouvrir le dialogue et de « savoir écouter » tout en « sachant nous exprimer ».

En réalité, l'écoute active doit s'insérer dans le dialogue.

Les questions fermées :

Ce sont les questions auxquelles nous répondons par oui ou par non, qui sont bien évidemment nécessaires à la communication.

Ces questions ont malheureusement l'inconvénient de *fermer le dialogue.*

Les questions ouvertes :

Ce type de questions a tendance à *ouvrir le débat* et à inciter notre interlocuteur à s'exprimer et à développer son idée. Ces questions commencent par des :

– Pourquoi…
– Comment…
– Qu'est-ce que…

Nous sommes alors en phase d'écoute active, nous nous intéressons à ce que dit l'autre et le lui montrons.

c) L'« anti-écoute » active

Le cas de l'« anti-écoute » active, c'est lorsque notre interlocuteur nous parle de choses importantes et impliquantes pour lui, et que nous lui coupons sans cesse la parole. Nous allons alors parler « pour lui » et il n'arrivera pas à finir ses phrases : nous les finissons à sa place. Nous devenons envahissant et *nos mots sont alors des parasites.*

Il sentira qu'il n'est pas écouté et que c'est nous qui avons besoin de nous exprimer.

Exemple :

– Marc : « Je voulais te dire qu'aujourd'hui j'ai très mal vécu ma journée de travail avec mes collègues au bureau et… »

– Jean : « Ah ! toi aussi ! Parce que, tu comprends, c'est pareil avec mes collègues. En ce moment, ce n'est pas réellement la folle ambiance ! »

– Marc : « Mais tu vois, mon plus grand souci, c'est avec le chef de service… »

– Jean : « Oh ! ben ça c'est rien ! Moi, c'est avec le grand patron de la boîte, il ne peut pas me voir. Alors, tu comprends, c'est pas facile tous les jours ! »

– Marc : « En ce moment, je me fais du souci pour l'avenir et… »

– Jean : « C'est rien. Si tu souffrais comme moi du manque d'écoute de la part des autres, tu aurais vraiment du souci à te faire, alors que toi, tu es heureux avec ta femme et tes enfants. »

Nous voyons, grâce à cet exemple, que Jean n'écoute pas. En plus, son mode relationnel dévalorise Marc, car ce qui lui arrive semble plus important que la réalité de Marc, qui ne trouve pas en la personne de Jean un interlocuteur à l'écoute et prêt au dialogue. Jean ne s'intéresse qu'à lui. Il y a de fortes chances que le dialogue n'aille pas plus loin, que Marc ne se révèle pas plus et se referme dans son silence. Ici, ni l'un ni l'autre n'a pu communiquer en harmonie par manque d'écoute de la part de Jean.

Nous avons ici le cas de deux personnes qui ont besoin d'être écoutées avec, en plus, Jean qui déprécie son interlocuteur. **La rencontre relationnelle n'aura pas lieu.**

> ***J'aimerais échanger avec toi, mais j'ai le sentiment de ne pas être écouté ni respecté. Alors, je me protège du danger que tu représentes pour moi.***

3. Le silence

Dans l'échange, le silence est un mini-instant privilégié. Nous n'accueillons pas le silence, mais nous avons l'impression qu'il est pesant de « laisser un blanc » et qu'il faut instantanément le combler. Serait-ce notre peur viscérale du vide ?

Le silence, appelé si joliment pause en musique, est réellement un moment précieux. Il permet de prendre un bref instant de recul, de réflexion, et restructure les idées.

Alors, *usons du silence, outil indispensable d'une bonne communication.*

> ***« Le silence est une confirmation de la parole. »***
>
> **Cicéron.**

4. En résumé

Les principaux comportements verbaux qui permettent de maintenir la conversation sont :

– Parler clairement, directement et sincèrement.

– Ne pas juger.

– S'exprimer chacun son tour en se respectant mutuellement.

– Ecouter l'autre de façon passive et active.

– Donner de l'information sur soi.

– Utiliser de façon positive l'information reçue.

5. L'échange de l'information

Nous avons vu, dans un précédent chapitre, que révéler ses sentiments est nécessaire et positif.

Il peut arriver parfois qu'en révélant nos sentiments nous dérangions notre interlocuteur. Dans ce cas, il est prudent de ne pas insister et de revenir à un niveau d'échange moins impliquant. Nous pouvons exprimer alors des choses plus neutres.

a) Je donne de l'information sur moi

Qu'il soit possible ou non de révéler nos sentiments, donner de l'information permet à l'autre de mieux comprendre notre message. Il pourra ainsi se faire une opinion plus juste en évitant de jouer sur les non-dits (appelés autrefois sous-entendus). Et puis, comment pouvons-nous percevoir correctement l'autre s'il parle peu et ne nous fournit que peu d'informations ?

Il ne s'agit pas alors de se répandre en détails (qui deviennent des parasites s'ils sont trop nombreux), sous prétexte de donner de l'information. La règle générale est que :

Donner et recevoir de l'information est la base d'une bonne communication.

Si, toutefois, nous trouvons que l'autre ne nous donne pas suffisamment de renseignements, ou qu'il nous manque des éléments pour comprendre, nous pouvons lui demander davantage d'informations ; c'est là que nous pouvons aussi utiliser les différents outils tels que le droit de ne pas tout savoir, l'écoute active, le regard, la posture, le feed-back, etc.

Exemple :

Voici un dialogue où les protagonistes emploient ces différents outils :

– Guy : « Tiens ! bonjour Florence. »
– Florence : « Bonjour, Guy. »
– Guy : « Tes vacances se sont-elles bien passées ? » *(Question fermée qui n'ouvre pas le dialogue.)*
– Florence : « Plutôt calmes, et toi qu'as-tu fait ? » *(Question ouverte.)*
– Guy : « Je suis parti à la campagne avec des amis. » *(Donne de l'information.)*
– Florence : « Et quelles activités avez-vous pratiquées ? » *(Question ouverte.)*
– Guy : « Nous avons beaucoup marché et puis, de temps en temps, nous faisions une ballade en V.T.T. *(donne de l'information)*. C'était vraiment super et le groupe était sympa. J'ai beaucoup aimé *(révèle ses sentiments)*. On a même pratiqué la varappe. »
– Florence : « Qu'est-ce que c'est la varappe ? » *(Demande de l'information et se donne le droit de ne pas savoir.)*
– Guy : « C'est comme de l'escalade. »

– Florence : « Quelle chance, moi, je suis allée seule à la mer, et j'ai trouvé le temps long. » *(Révèle ses sentiments.)*

– Guy : « Et tu n'as pas pu partir avec des amis ? » *(Question ouverte.)*

– Florence : « Les deux amis qui devaient venir sont tombés malades deux jours avant de partir ! » *(Donne de l'information.)*

– Guy : « Si j'ai bien compris, tu t'es plutôt ennuyée ? » *(Feed-back.)*

– Florence : « Oui, c'est tout à fait le terme qui convient. » *(Confirmation.)*

– Guy : « Et où étais-tu à la mer ? » *(Question ouverte.)*

– Florence : « En Bretagne, près de Quimper. » *(Donne de l'information.)*

– Guy : « Mais tu sais que je connais bien cette région, j'y ai passé presque toutes mes vacances d'été quand j'étais plus jeune… » *(Donne de l'information.)*

Dans cet exemple, les deux personnes se découvrent des points communs en se révélant et en s'écoutant mutuellement. Cela peut favoriser l'entente, la bonne relation et une meilleure connaissance de l'autre.

Mais, pour se révéler, donner de l'information sur soi et parler de ses sentiments, il est nécessaire de parfaitement connaître ses points positifs.

b) Se connaître soi-même

Entourez six termes qui vous caractérisent le plus :

Actif	**Agressif**	**Anxieux**	**Brouillon**
Décontracté	**Esprit vif**	**Individualiste**	**Nerveux**
Original	**Mature**	**M'exprime aisément**	**M'intéresse aux autres**
Peu motivé	**Regard fuyant**	**Réservé**	**Superficiel**
Sûr de moi	**Timide**	**Volontaire**	

Comment vous voyez-vous ?

Notez ce qui vous caractérise :

Cinq qualités :	Cinq points forts :	Trois faiblesses :
✍	✍	✍ ....
✍	✍	✍ ....
✍	✍	✍ ....
✍	✍	
✍	✍	

Dans le passé

Vos réussites :	Vos échecs :
✍	✍ ....
✍	✍ ....
✍	✍ ....
✍	✍ ....
✍	✍ ....
✍	✍ ....

Dans le présent :

Ceux que j'aime ou que j'apprécie sincèrement : qui sont-ils/elles ?

✍ ....

✍ ....

✍ ....

✍ ....

Ceux que je n'aime pas ou que je hais : qui sont-ils/elles ?

✍ ....

✍ ....

✍ ....

✍ ....

Ce que j'aime (loisirs, métier, passe-temps…) :

✍ ....

✍ ....

✍ ....

✍ ....

J'ai des choses à exprimer et des sujets qui me tiennent à cœur :

✍ ....

✍ ....

✍ ....

✍ ....

✍ ....

Je réagis quand j'entends parler de :

✍ ....

✍ ....

✍ ....

✍ ....

Dans l'avenir :

J'ai des projets ? Quels sont-ils ?

✍ ....

✍ ....

✍ ....

✍ ....

c) J'utilise l'information de l'autre

Le terme « utiliser » est employé ici d'un point de vue positif. Il n'est pas question de manipuler en utilisant l'information, mais de prolonger le dialogue positivement. L'information donnée est d'ordre verbal ou non verbal (yeux, posture, sourire…). Plus les personnes entreront en relation, plus les informations échangées seront importantes. Inversement, plus les informations échangées seront importantes, plus les personnes entreront en relation.

Si nous exprimons peu nos idées, nos ressentis, que nous écoutons peu, comment peut-on nous comprendre ? Comment pouvons-nous comprendre les autres ?

Prenons maintenant le cas où je donne de l'information, où je me révèle et où mon interlocuteur s'exprime sur un autre registre (sarcasmes, indifférence, conteste tout ce que je peux dire…). Je peux alors décider de revenir à un niveau de communication moins impliquant, ou même mettre un terme à la conversation.

Voici un exemple d'ordre positif :

– Jean : « Oui, merci, je prendrai volontiers de cet apéritif. »

– Albert : « C'est moi qui l'ai fait cet automne, j'ai un grand champ où je cultive pas mal de choses. » *(Donne de l'information.)*

– Jean : « Vous aimez le jardinage ? » *(Utilisation de l'information.)*

– Albert : « En effet, j'aime beaucoup la nature et le jardinage m'apporte un bien-être que je ne trouve qu'à ce moment *(donne de l'information).* En plus, j'ai vraiment besoin de cette détente. »

– Jean : « Que faites-vous pour avoir tant besoin de cette détente ? » *(Utilisation de l'information.)*

– Albert : « Je travaille dans un bureau d'études ; toute la journée avec les néons et devant un écran d'ordinateur. Alors, vous voyez, pour moi, le jardinage est vraiment important. » *(Donne de l'information.)*

CHAPITRE IX

Face aux manipulateurs et aux agressifs

Lorsqu'une personne devient très insistante et donc manipulatrice, ou bien veut nous culpabiliser, elle met le doigt sur ce qui lui semble être des défauts chez nous. Voici quelques astuces pour rester affirmé, sans agresser à son tour.

1. Le brouillard

Le psychologue américain Smith a eu l'idée de cette technique simple. En mettant le doigt sur un fait incontestable, mon interlocuteur n'aura pas de prise sur moi et cessera de me harceler.

Je lui renverrai des phrases courtes qui iront dans le sens de sa critique, comme par exemple : « C'est exact… C'est ton droit de penser ainsi… C'est possible… »

Le brouillard me permet de ne pas me sentir accusé devant des critiques peu précises.

Exemple : une mère à son fils :

– Ta chambre est un vrai chantier *(jugement)* !
– C'est vrai, il y a des vêtements qui traînent.

– Tu ne trouves pas que c'est le chantier *(manipulation)* ?
– C'est ton avis *(brouillard).*
– Et tu ne crois pas que tu pourrais ranger tout ça ?
– Je pourrais le faire, en effet *(brouillard).*
– Eh bien, alors, qu'attends-tu *(culpabilisation)* ?
– Ce n'est pas ma priorité *(donne de l'information).*
– Et ce désordre ne te dérange pas *(culpabilisation)* ?
– Ça ne me dérange pas du tout *(brouillard)* !

2. Le disque rayé

Voici une technique élaborée par un psychologue américain, Zev Wanderer, appelée textuellement *Broken record* (disque rayé). En effet, un disque microsillon rayé répétera toujours le même passage musical. Cette technique est à conseiller lorsqu'une personne insiste et essaye, par exemple, de nous manipuler alors que nous sommes dans notre droit.

Exemple :

Il y a deux mois, j'ai acheté un four à micro-ondes haut de gamme dans une grande surface. Je téléphone au magasin pour signaler que mon appareil, encore sous garantie, est tombé en panne. Deux jours plus tard, un technicien vient et déclare ne pas pouvoir le réparer sur place. Il m'assure qu'en envoyant le four à l'atelier, il pourrait être disponible dans un délai de quinze jours.

Un mois plus tard : « Allô, oui… Désolé Monsieur, votre four n'est pas réparé, retéléphonez dans quinze jours. »

Deux mois plus tard : « Allô, oui… Désolé Monsieur, votre four n'est pas réparé, retéléphonez dans quinze jours. »

Trois mois plus tard : « Allô, oui… Non Monsieur, votre four n'est toujours pas disponible, mais sûrement que dans quinze jours… »

« Bon, maintenant ça suffit ; je viens chercher mon four ! »

Quelques instants plus tard :

Une vendeuse : « Ah ! oui ! C'est vous qui avez téléphoné tout à l'heure, mais je vous ai pourtant dit que votre four n'est pas réparé. »

Moi : « Voilà trois mois que j'attends *(explication)*. Maintenant, j'en ai vraiment assez d'attendre *(révélation de mes sentiments)* et je veux mon four ! »

La vendeuse : « Ecoutez, revenez dans quinze jours, je vous assure que votre four sera réparé *(manipulation)*. »

Moi : « Ça fait maintenant trois fois que vous me dites cela au téléphone et je ne peux plus continuer sans four *(révélation de soi)*, alors je viens le chercher *(disque rayé)* ! »

La vendeuse : « Bon écoutez, je vais chercher le chef de rayon. »

Le chef de rayon : « Alors Monsieur, que se passe-t-il ? »

Moi : « Cela fait trois mois que j'attends mon four en panne alors que votre technicien m'avait promis que l'atelier le réparerait en quinze jours. Maintenant, je veux absolument récupérer mon four. »

Le chef de rayon : « Eh bien, pas de problème, je vais m'occuper personnellement de votre four, revenez donc dans quinze jours *(manipulation)* ! »

Moi : « Je comprends, mais moi je veux mon appareil et je ne partirai pas sans mon four *(disque rayé)*. »

Le chef de rayon : « Mais Monsieur, nous ne l'avons pas ; il est actuellement à l'atelier. »

Moi : « D'accord. Dans ce cas, donnez-moi un autre four identique *(compromis)*. »

Le chef de rayon : « Mais je ne peux pas le faire, il va falloir que vous attendiez quinze jours et que vous nous retéléphoniez *(manipulation)*. »

Moi : « Si vous ne pouvez pas me donner mon four, alors donnez-m'en un autre *(disque rayé)*. »

Le chef de rayon : « C'est impossible, je n'ai plus votre modèle en stock *(manipulation).* »

Moi : « Alors donnez-moi un modèle plus récent *(compromis),* vous savez que je veux mon four *(disque rayé).* »

Le chef de rayon : « Bon, allez O. K. ! Allons voir dans le stock *(acceptation du compromis).* »

Nous voyons, dans cet exemple, que le chef de rayon essaye la manipulation. Si nous nous laissons impressionner, nous ne faisons pas respecter nos droits.

Exercice :

L'action se déroule autour d'une table, lors d'un repas de famille chez Paulette. Le plat principal est déjà passé deux fois. Paulette insiste pour que vous en repreniez encore…

Complétez les réponses en utilisant l'affirmation positive du disque rayé :

Paulette : « En veux-tu encore ? »
Vous : « Non merci. »
Paulette : « Prends-en encore ! »
Vous : ....
Paulette : « Tu n'as pas aimé ? »
Vous : ....
Paulette : « C'était trop cuit ? »
Vous : ....
Paulette : « Alors, reprends-en encore un peu ! »
Vous : ....
Paulette : « Mais juste pour me faire plaisir. »
Vous : ....
Paulette : « Mais il faut finir le plat. »
Vous : ....
Paulette : « Tu ne vas quand même pas me laisser ça pour demain ! »
Vous : ....

Paulette : « Mais ça va se gâter. »
Vous : ....

Cette méthode du disque rayé est à employer à bon escient, et surtout pas n'importe quand et n'importe comment, au risque d'agacer l'autre et de produire l'effet inverse. Le disque rayé est utile face à de gens qui veulent manipuler, pour des relations d'ordre superficielles, ou encore pour faire valoir un droit.

Aussi, le disque rayé est-il rarement à conseiller lorsqu'il s'agit d'une relation plus intime.

Je me permets de rappeler que l'attitude physique doit « coller » aux paroles prononcées.

Nous devons donc nous adapter et, si nous voulons que les deux techniques (brouillard et disque rayé) soient convaincantes, nous devons aussi trouver :

– le ton juste (utiliser notre voix normale) ;
– une attitude corporelle la plus décontractée possible ;
– afficher un grand sourire ;
– éviter trop de gestes inutiles ;
– regarder l'autre en face.

Ces atouts nous permettent de nous affirmer même si l'agressivité de l'autre se fait de plus en plus forte.

CHAPITRE X

Oser demander et refuser

Notre vie est faite d'échanges et d'équilibres. Donner et recevoir est une des bases du bien-être :

Demander, c'est reconnaître l'autre et lui donner une importance.

Donner, c'est nous faire reconnaître et nous donner une importance.

1. Je demande

Lorsque nous exprimons une demande, nous prenons un risque : celui de nous entendre dire non. Certaines personnes craignent le refus et ne prennent pas le risque de demander. Nous pouvons toutefois nous poser les questions suivantes :

– « Qu'est-ce que j'ai à perdre en demandant ? »
– « Qu'est-ce que je risque si l'on me refuse, si l'on me dit non ? »
– « Est-ce dangereux pour moi de m'entendre dire non ? »
– « Qu'est-ce que je ressens lorsque j'entends non ? »

Afin que notre demande soit des plus efficaces, à la fois sans manipuler et en laissant à l'autre le libre choix de sa réponse, nous devons adopter une attitude directe par notre physique, notre regard, mais aussi exprimer clairement ce que nous voulons.

Ma demande doit être exprimée calmement, clairement, directement et de façon concise.

Une demande ne sera guère explicite si elle se perd en détails, en excuses, etc.

Exemple :

Marie-Laure : « Florence, j'ai quelque chose à te demander. Voilà. Je suis ennuyée parce que, tu comprends, ma voiture est vieille et elle est tombée en panne hier, lorsque j'allais chez mes parents. Et, comme en ce moment j'ai besoin de me déplacer, j'ai demandé à Josette de m'accompagner chez le dentiste… »

Cette demande de Marie-Laure se perd en trop de détails et devient tout à fait floue. Florence se demande alors ce que veut exactement Marie-Laure… qui, finalement, fini par dire :

« … alors, pendant que je suis chez le dentiste, ne voudrais-tu pas garder le bébé ? »

Lorsque j'exprime une demande formulée ainsi : « Ne veux-tu pas… ? », l'autre peut se demander si moi-même j'en ai réellement envie (voir chap. VI : Le parler franc et le franc-parler).

Posez, de préférence, une question directe et positive : « Veux-tu… ? », ou « Voudrais-tu… ? » ou « Pourrais-tu… ? ».

2. Je refuse

Exprimer un refus est une chose qui peut nous être difficile. Mais pourquoi craignons-nous de dire non ?

– Est-ce par peur des conséquences ?
– Est-ce par peur des représailles ?
– Va-t-on nous faire la tête et ne plus nous aimer ?
– Ou alors, tout ça à la fois ?

Du coup, nous avons tendance à acquiescer.

Savoir dire non
me permet de dire de vrais oui.

Mais, au fond de moi, ai-je réellement envie d'accepter, de dire oui ? Si je dis non, quelles seront les conséquences pour moi, pour les autres ?

Lorsque l'on me sollicite, je ne suis pas tenu de répondre immédiatement. Je peux prendre quelques instants ou quelques jours de réflexion, et exprimer clairement : « Je réfléchis », ou bien : « Je vais y penser et je te donnerai ma réponse demain. »

Toutes demandes floues ou refus hésitants peuvent inciter l'autre à nous manipuler et à ne pas nous respecter. Plus la relation est directe, plus nous avons de chances d'être entendu et de nous positionner.

D'autre part, il est inacceptable de moraliser la demande ou le refus comme, par exemple :

– « Il ne faut jamais demander, ça ne se fait pas. »
– « Refuser est impoli. »
– « C'est mal de dire non à un parent, un oncle, un professeur, une personne âgée, etc. »

Cela reviendrait à ne pas écouter ses propres désirs et ses propres besoins : je dispose de mon temps et de mon énergie comme bon me semble, à condition de ne pas gêner les autres et d'assumer les conséquences de mes décisions.

Lorsque je refuse, je n'ai pas à justifier mon refus, ni à céder à la manipulation.

Exemple :

– Pourrais-tu me prêter ton appartement pendant les vacances ?

– Non, ça ne va pas être possible *(réponse claire sans justification).*

– Mais il n'y aura personne chez toi *(manipulation).*

– Non, je ne peux vraiment pas te le prêter *(réponse claire sans justification).*

Et, si l'autre devient vraiment insistant, nous pouvons employer la technique du disque rayé :

– Mais qu'est-ce que ça peut te faire, puisqu'il n'y aura personne dedans *(manipulation)* ?

– Je te demanderai d'arrêter d'insister et, pour la dernière fois, je te répète que je ne te prêterai pas mon appartement *(disque rayé).*

Lorsque j'ai appris à dire oui ou non sincèrement, la valeur de mes acceptations ou de mes refus est bien plus importante que des réponses vagues qui ne m'aident pas à me positionner. Et puis, quel mieux-être lorsque je décide seul d'accepter ou de refuser !…

CHAPITRE XI

Les critiques

Le mot « critique » est assimilé la plupart du temps à une expression négative des faits, à un dénigrement, c'est-à-dire à un système destructeur dans lequel on juge.

1. J'exprime des critiques constructives

Juger l'autre, voilà une façon de procéder que la plupart d'entre nous connaissons bien. Juger, c'est voir les points négatifs de l'autre, mais c'est aussi ce qui fera fuir les gens de notre entourage.

> *« La critique est aisée, l'art est difficile. »*
> **Destouches.**

Nous connaissons tous autour de nous des « commères » ou des « mauvaises langues », ceux qui parlent et jugent sans jamais s'exprimer directement à la personne concernée.

Mais une critique peut aussi être tout à fait positive si elle s'applique à discerner quelles sont, selon nous, les qualités de l'esprit de l'autre. Cela pourra être exprimé sous forme de critique constructive.

Alors, arrêtons de ne regarder que nos défauts ou les défauts des autres et de les juger sévèrement sous prétexte que ce qui nous paraît être des défauts sera critiqué et rejeté par nous.

Soyons bref sur les critiques que nous pouvons exprimer car, si nous voulons réagir de façon affirmée, ces critiques seront de type constructives, c'est-à-dire que nous utiliserons les outils déjà vus : expression directe de nos sentiments, regarder l'autre, employer le *Je* et pas le *Tu* accusateur, ouvrir le dialogue, donner et demander de l'information, etc.

Si je critique les autres et les juge violemment, cela implique qu'ils me dérangent, que je ne supporte pas les différences et que je m'estime être la référence.

Mais avant de parler des autres, arrêtons-nous un instant sur cette forme d'agressivité que nous pouvons nous adresser à nous-même : l'autocritique.

2. L'autocritique

Nous avons déjà parlé longuement de l'expression verbale et s'il n'est pas toujours possible ni souhaitable de tout exprimer, **il n'est jamais de mauvais augure de ressentir des sentiments de quelque nature que ce soit** (agressivité, irrationalité, etc.).

En effet, se laisser aller, par exemple, à agresser verbalement une personne parce que nous ressentons une agressivité monter en nous, n'est pas toujours possible ni une réaction souhaitable. Mais ressentir de l'agressivité est une réaction tout à fait normale et humaine.

Nous nous sentons souvent coupable lorsque certaines pulsions ou sentiments nous envahissent (indifférence, haine, agressivité, etc.). Alors, notre anxiété augmente. C'est comme si nous devions rejeter et inhiber ces pulsions viscérales qui dorment en chacun de nous, comme si nous ne devions pas nous écouter, comme si c'était mal de ressentir…

Que serions-nous si nous ne ressentions rien ? Un robot ?…

Voyons de plus près cette autocritique que nous pouvons nous infliger :

– Combien de fois me suis-je dévalorisé par rapport à une situation ? Des gens ? Quelque chose que je n'ai pas pu faire ? Ou pas su faire ?

– Combien de fois me suis-je traité de tous les noms de la terre ?

Une forme d'autocritique est l'analyse que l'on peut faire de ses propres actes, ce qui nous permet de progresser : c'est une **critique de soi constructive.**

L'autre autocritique est celle que l'on retourne contre soi et qui ne nous permet pas de progresser : c'est une **critique destructrice.**

3. Notre dialogue intérieur

Nous suggérer des autocritiques constructives revient à nous féliciter lorsque nous venons de réussir quelque chose, à nous encourager et à nous dire que nous sommes capable de faire telle ou telle action. Cela nous valorisera, nous aidera aussi à nous aimer et à aimer les autres.

Dans ce dialogue intérieur, nous retrouvons toute la dévalorisation à notre égard, mais aussi toutes les peurs, tous les blocages, etc.

Comment puis-je entrer en relation avec les autres et communiquer de façon directe, si mon propre dialogue intérieur est négatif ?

La plupart du temps, ce qui nous empêche d'agir n'est pas notre incompétence, mais toutes ces craintes et cette croyance de ne pas être valable, d'être incapable et moins intéressant que les autres ; alors, nous n'osons plus et ne nous donnons pas le droit d'exister.

Exemple :

Alice assiste à une réunion et souhaiterait prendre la parole. Voici son dialogue intérieur :

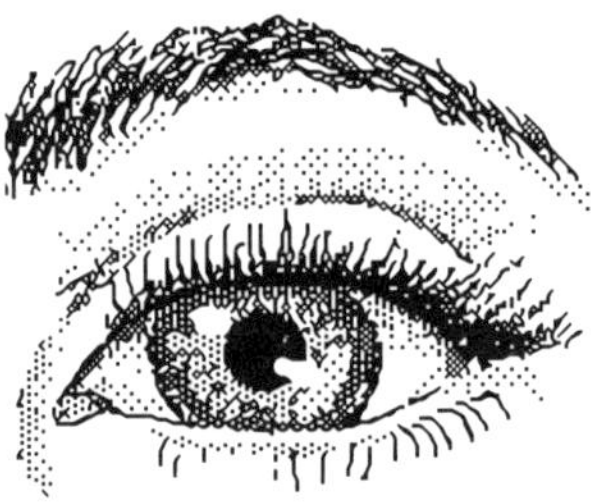

« J'aimerais dire ce que je pense, mais je n'ose pas. Et puis, tout le monde va me regarder… Qu'est-ce qu'ils vont penser ?

– En plus, je n'aime pas ma robe et je n'arrive pas à m'en débarrasser. Je sens que si je prends la parole, je vais bafouiller et encore devenir toute rouge, ça va être la catastrophe ! Je préfère laisser parler ceux qui osent. Finalement, ce que j'ai à dire n'est pas très important et puis, maintenant, c'est trop tard. »

« Vivre est la chose la plus rare au monde. La plupart des gens ne font qu'exister. »
Oscar Wilde.

Ces dévalorisations génèrent énormément d'anxiété et empêchent la spontanéité. Notre dialogue intérieur peut nous inciter à échafauder, vis-à-vis de notre entourage, des « interprétations *a priori* ».

Exemples :

1. « Si je dis à Jean-Pierre que j'ai envie de rester seule un moment, il va penser que je fais la tête. »
2. « Ça fait dix jours qu'il ne m'a pas téléphoné, il doit être fâché et pourquoi est-il fâché ? J'ai dû le vexer avec mes remarques à propos de son travail… »
3. « Lise ne m'a pas dit bonjour ce matin ; qu'est-ce que j'ai bien pu lui dire ? Que lui ai-je fait de mal ? »

Que d'énergie dépensée à imaginer ce que peut penser l'autre, ce qu'il peut ressentir ou encore ce qu'il veut ou ne veut pas ! Arrêtons d'interpréter et d'imaginer ce qui se passe dans la tête de l'autre et *ouvrons le dialogue,* la réalité étant la plupart du temps tout autre.

La conjugaison d'une pensée positive et constructive avec la volonté de dialoguer ne peut que générer un mieux-être. Voyons ce que nous pouvons nous suggérer à la place de ces interprétations ; reprenons les trois exemples ci-dessus :

1. « Je vais dire à Jean-Pierre que j'ai envie de rester seule un moment, je verrai bien sa réaction… »

(S'il réagit mal, je lui demanderai ce qu'il ressent lorsque je lui fais une telle demande ; d'autre part, c'est mon droit d'avoir envie de rester seule un moment et c'est aussi mon droit de me faire respecter.)

2. « Ça fait dix jours qu'il ne m'a pas téléphoné : je vais lui passer un coup de fil pour lui demander s'il va bien et si mes remarques de l'autre fois l'ont dérangé. »

(Voici une action positive et constructive qui éclairera mes propos intérieurs et réduira mon anxiété vis-à-vis de cette situation.)

3. « Lise ne m'a pas dit bonjour ce matin ; qu'est-ce que j'ai bien pu lui dire ? Qu'ai-je fait de mal ? Je vais la voir et lui en parler au moins, ainsi je serai fixé. »

(Voici une bonne décision d'entrer en communication.)

Notre dialogue intérieur est important mais doit nous amener à une ouverture vers la verbalisation, un échange, une discussion, une mise au point, en un mot : le **dialogue.**

N'avez-vous jamais ressenti de bien-être après avoir dit ce que vous pensiez, ou après avoir osé exprimer vos tracas, comme dans les exemples ci-dessus ?

4. Si nous sommes critiqué

La critique qui nous est adressée engendre un malaise en nous et, très souvent, nous la refusons, la rejetons même parfois violemment, et nous nous sentons coupable… Serait-ce notre image de petit garçon parfait ou de petite fille parfaite qui serait atteinte ? Nous sommes alors sur la défensive, prêt à contre-attaquer.

Exemples :

– Tu as mauvaise mine !
– Et toi, t'as vu la tête que t'as ?

Ou encore :
– Je trouve que ton pantalon n'est pas assorti à ta chemise.
– Et alors, qu'est ce que ça peut te faire ?

Prenons la critique comme un apport positif et constructif. Cela est facile à dire, je dois le reconnaître, et pourtant, si nous voulons devenir affirmé, il va bien falloir que nous réagissions positivement aux critiques.

Tout d'abord, il faut distinguer différentes sortes de critiques :

– Les critiques qui sont dites pour faire progresser la relation et que je nomme les **critiques justes.**

– Les critiques qui sont dites pour blesser. Elles sont destructrices et inexactes, ce sont les **critiques fausses.**

– Les critiques sans fondement, gratuites, font partie de la troisième catégorie : les **critiques vagues.**

Réagir de façon affirmative lorsque nous sommes critiqué est l'un des comportements les plus difficiles à adopter. Voici donc quelques règles de base à respecter.

5. Règles de base pour faire face à la critique

❁ *Règle 1 :*

J'écoute les critiques de quelque nature qu'elles soient. Ecouter me permet de prendre du recul, de me calmer si cela m'est nécessaire. Ecouter me permettra aussi de ne pas me précipiter pour me justifier : si je me justifie aussi vite, cela peut laisser entendre que j'ai quelque chose à me reprocher…

❁ *Règle 2 :*

Je ne contre-attaque pas en critiquant à mon tour, ce qui ne résoudra pas le conflit et aura pour effet d'augmenter le malaise relationnel.

❁ *Règle 3 :*

Je ne suis pas au tribunal. L'autre n'est pas juge et je ne le laisserai pas prononcer un verdict ; je dois considérer qu'il critique mes actes et non pas ma personne.

❁ *Règle 4 :*

Je ne dois ni minimiser, ni ridiculiser l'autre car ce serait alors équivalent à une contre-attaque.

✿ *Règle 5 :*

Je connais mes défauts chroniques. Je suis conscient que je ne suis pas parfait et que certains traits de ma personnalité pourront m'être reprochés, ma vie durant, sans que réellement je puisse y changer quelque chose. Il convient alors de me préparer à la critique qui reviendra souvent sur ce qui apparaîtra comme un défaut chez moi.

✿ *Règle 6 :*

Expliquer et ne pas me justifier. Après avoir écouté, je peux expliquer, ce qui revient à donner de l'information et donc à aider l'autre à comprendre. Se justifier, c'est se reconnaître coupable.

✿ *Règle 7 :*

Je demande que la critique soit constructive. Si une critique négative (de jugement de valeur par exemple) est exprimée, alors je dois refuser une telle critique destructrice.

Au-delà de ces règles générales, voici quelques techniques.

6. Comment réagir face à des critiques justes ?

a) La critique-constatation

Ce type de critique nous est plutôt facile à accepter, car elle n'est pas violente et sans conséquences.

Exemple :

« Je n'aime pas ta nouvelle couleur de cheveux. »

Réponse non affirmée : « Je ne t'ai pas demandé ton avis ! »

Réponse affirmée : « C'est ton avis. Moi, j'avais envie d'essayer et j'aime cette couleur », ou encore : « Pourquoi cette couleur t'est-elle désagréable ? », ou bien : « C'est une question de goût… »

Si toutefois dans une discussion nous exprimons une critique-constatation que l'autre ne veut pas entendre, et qu'il contre-attaque en exprimant un « Et toi... », nous devons revenir sur notre critique de départ en proposant de parler de nous plus tard.

Exemple :

– J'ai remarqué que tu parlais souvent de la mort et...

– Et toi alors, tu ne veux pas en parler du tout, ça te fait peur ?

– C'est possible *(acceptation de la critique)*, nous pourrons parler de moi après. Mais, j'étais en train de te dire que le thème de la mort revient souvent lorsque l'on discute ensemble.

En refusant la contre-attaque calmement, nous ne refusons pas la critique et pouvons revenir au sujet initial.

b) La critique juste

Des remarques sont justes quand elles sont évidentes, de bon sens ou qu'il s'agit d'une constatation-vérité. Comme je suis quelqu'un de bonne foi et que je sais que je ne suis pas parfait, le plus simple est de reconnaître la critique telle qu'elle m'est exprimée.

Il faut donc que nous arrivions à accepter la critique sans nous confondre en excuses ou en justifications, et que nous trouvions un compromis si cela est nécessaire. Dans le cas où nous ne sommes pas d'accord avec la critique, nous ne devons pas rester passif, mais devons intervenir afin de donner notre point de vue.

Accepter la critique, lorsque nous la trouvons juste, permet de nous détendre, de mettre l'autre en confiance, d'ouvrir le dialogue et de trouver un terrain d'entente. De plus, nous sortirons de cette relation plus « adulte » et non pas comme un enfant réprimandé à qui l'on demande des comptes.

Exemple :

« Ah ! Paul, ça fait trois fois que tu me coupes la parole *(critique juste)* !

– O. K., je reconnais que c'est un de mes défauts *(acceptation de la critique).* Dorénavant, je ferai attention *(compromis).* »

c) La critique-attaque

Quelqu'un peut nous reprocher quelque chose d'indéniable tout en étant, visiblement, une attaque exprimée pour nous blesser. Ce sont ces critiques qui visent, par exemple, le physique, le caractère, ou encore qui se présentent sous forme d'un jugement de valeur.

En face de ce type de critiques, nous devons réagir fermement.

Exemple :

Un homme à un autre homme :

– Pierre, tu deviens de plus en plus gras et laid !

– Mon physique a l'air de bien te déranger ?

Ou : « Je vis ce problème de poids très mal *(révélation de soi).* Alors, je te demanderai de ne plus parler de mon physique », ou encore : « Pourquoi profères-tu tant d'agressivité ? »

7. Comment réagir face à des critiques fausses ?

Là aussi, comme pour les critiques justes, laissons l'autre exprimer sa critique et évitons de répondre du tac au tac. Ensuite, exprimons très nettement notre désaccord.

Des techniques d'affirmation de soi – telles que le brouillard ou le disque rayé – sont très utiles afin de nous démarquer et de ne pas nous laisser envahir par cette critique fausse. Dans ce type de critique, nous devons exprimer très fermement nos idées et nous positionner.

Toutefois, si la critique fausse est exprimée par une personne butée qui ne nous écoute pas, ce sera une protection que de couper court au dialogue et dire par exemple : « Je crois qu'il vaut mieux arrêter là notre conversation, puisque nous n'arrivons pas à nous comprendre. »

Parfois, la critique est fausse, mais peut cacher quelque chose d'autre. C'est une critique pour contourner le vrai problème qui est exprimée. Voici donc un autre outil : *l'enquête négative.*

8. L'enquête négative

Cette méthode est efficace, car elle a l'avantage de ne pas nous montrer agressif tout en nous permettant d'aller au fond des idées émises.

Il s'agit de demander à celui qui exprime une critique s'il a encore d'autres choses à dire. Peut-être videra-t-il son sac, peut-être sera-t-il surpris de ne pas rencontrer d'opposition mais, dans tous les cas, nous disposerons de suffisamment d'informations pour comprendre sa critique.

Si la critique n'est pas fondée, l'agresseur sera rapidement à court d'argument.

Exemple :

Laure et Romain sont mariés et ont une petite fille de quatre ans, Amélie.

Laure : « J'en ai assez, je t'ai dit mille fois de ranger tes affaires, c'est encore le bazar dans la chambre ! »

Romain : « Mais non, il n'y a qu'un pull de sorti. » *(Il réagit à une critique qu'il estime être fausse.)*

Laure : « On voit bien que ce n'est pas toi qui range ! »

Romain : « Peut-être, mais j'ai rangé la chambre il y a une heure. » *(Disque rayé et Romain explique.)*

Laure : « Eh bien, dis donc, tu as un sens spécial du rangement !... »

Romain : « Je te répète que j'ai rangé la chambre il y a une heure. » *(Disque rayé.)*

Laure : « Enfin, elle ne s'est pas mise en désordre toute seule ? »

Romain : « Je suis sûr de moi, je te répète que j'ai bien rangé la chambre. » *(Disque rayé.)*

Laure : « Mais enfin, ce bazar ?... »

Romain : « Ça m'embête vraiment que tu ne me crois pas *(révélation de soi).* Mais, est-ce qu'il n'y aurait pas autre chose qui ne va pas ? » *(Enquête négative.)*

Laure : « Eh bien, tous ces CD, sur la moquette, c'est toujours mal rangé ! »

Romain : « D'accord pour les CD. *(Accepte la critique.)* Y a-t-il autre chose qui te gêne ? » *(Enquête négative.)*

Laure : « Oui, je rentre tard du travail, je suis fatiguée et je n'aime pas trouver la maison en désordre. » *(Révélation de soi.)*

Romain : « As-tu d'autres choses à me dire ? »

Laure : « Non. »

Romain : « Je peux te proposer de faire un effort et de ranger mes CD. *(Compromis.)* Sinon, qu'est-ce que tu ressens quand tu vois du désordre ? » *(Enquête négative.)*

Laure : « J'ai tellement souffert du manque de rigueur quand j'étais petite, que maintenant, je ne supporte plus le bazar. » *(Révélation de soi.)*

Romain : « Viens, je te propose d'aller voir dans la chambre... Mais... toutes ces chaussettes par terre et les sous-vêtements. Attends, je crois savoir. Amélie a maintenant assez de force pour ouvrir les tiroirs et a certainement voulu “visiter”... »

Rires de Laure et Romain qui s’enlacent...

Amélie dira une heure plus tard à ses parents qu’elle s’est amusée aux marionnettes grâce aux chaussettes de papa !

Nous voyons ici que le problème du départ était un simple reproche sans gravité apparente et qui aurait pu rapidement dégénérer en conflit s’il n’y avait pas eu ouverture du dialogue. L’enquête négative, quant à elle, a permis à Laure d’exprimer son mal-être. Cet épisode aura permis au couple non seulement de régler le conflit simplement, mais aussi de rester serein et de mieux se connaître.

9. Comment réagir face à des critiques vagues ?

Les critiques vagues sont des critiques d’ordre général, et n’ont aucune consistance. Il sera de bon augure de ne donner aucune suite à ce type de critique. Pour cela, nous pouvons employer la technique du brouillard *(fogging)* que nous avons déjà vue précédemment (chap. IX). Nous connaissons tous le brouillard : il n’offre aucune résistance. Ou l’on reste dans le flou, ou les critiques lancées se perdent sans pouvoir rebondir, et donc trouver un écho.

Nous pourrons faire remarquer à notre interlocuteur qu’il exprime sa critique de façon peu précise et lui demanderons alors de préciser.

Exemple :

Tom : « Tu nous a invités à passer le week-end dans ce gîte, mais conviens que ton organisation est loin d’être parfaite *(critique vague)* ! »

Sylvain : « C'est fort possible *(brouillard)*. Mais, peux-tu préciser *(enquête négative)* ? »

Tom : « Beaucoup de choses. Par exemple, tu as oublié l'ouvre-boîtes, les torchons, et puis il pleut sans cesse et cette boue, dès que l'on sort… »

Sylvain : « Oui, c'est sûr *(brouillard)*. Mais, y a-t-il encore d'autres choses qui te gênent *(enquête négative)* ? »

Tom : « Non, mais je suis agacé ! »

Sylvain : « Qu'y a-t-il d'autre *(écoute active)* ? »

Tom : « Eh bien, Lise me reproche de ne pas l'écouter assez. Alors, on s'est disputé ce matin *(révélation de soi)*. »

Sylvain : « Essaye de discuter avec elle. »

Tom : « Oui, c'est ce que je compte faire. »

Sylvain : « Et c'est cette dispute qui te rend de mauvaise humeur ? »

Tom : « Oui. »

Nous voyons que, grâce au brouillard et à des techniques déjà vues, le dialogue s'est instauré et que les reproches de départ cachaient bien autre chose.

10. Faire face à la colère

Réagir de façon affirmative face à une personne en colère n'est pas facile. Ce qui importe, c'est :

a) De garder notre calme, même si cela nous est difficile.

b) De montrer à l'autre que nous pouvons l'écouter…

c) … à condition qu'il se calme.

Nous pouvons avoir commis une erreur, quelque chose qui ne lui plaît pas, nous pouvons avoir un désaccord profond ou encore nous pouvons être la première personne sur qui l'autre a l'occasion de cracher son venin et sa colère… aucun droit ne lui est accordé pour qu'il nous agresse verbalement ou, pire encore, qu'il nous insulte.

Dans le cas où l'autre nous insulte, la meilleure réaction est de ne pas répondre à notre tour par l'insulte, ce qui ne ferait qu'envenimer les choses, mais de lui faire remarquer qu'il n'a pas à nous insulter.

Face à l'insulte, ou plus simplement à la colère, nous pouvons utiliser la technique du disque brisé pour dire à l'autre : « Je veux bien discuter, mais d'abord, calme-toi ! »

La colère favorise les débordements, les mots et les adjectifs excessifs qui dépassent souvent la pensée. Faciliter le dialogue et créer une atmosphère propice à l'échange ne sera que bénéfique afin de pouvoir trouver un terrain d'entente.

Si toutefois, malgré toute notre bonne volonté, l'autre continue et devient de plus en plus agressif, deux solutions s'offrent à nous :

1. L'autre ne nous écoute pas et ne tient pas compte de nous ; nous devons alors nous protéger en rompant le dialogue et en proposant de « reprendre la discussion lorsque les esprits seront calmés ».
2. Ou bien, il peut être important pour nous de répondre « à chaud », pour des raisons de respect de soi, de positionnement social, etc. Nous pouvons alors taper du poing sur la table et élever la voix, situation où notre réaction ne relève pas de l'agressivité, mais plutôt de la légitime défense.

11. L'humour

Certaines critiques sont si minables et si injustifiées qu'elles ne valent même pas la peine de dépenser notre énergie en explications qui ne seront sans doute pas écoutées. Le silence sera, dans certains cas, la meilleure des réponses.

Mais, bien des critiques passeront inaperçues si nous répondons par l'humour (et non par l'ironie), nous permettant ainsi de ne pas entrer dans le jeu de l'autre.

Exemples :

– Les enseignants sont tous des fainéants !
– Alors vive les fainéants !

Ou encore décrypter le message caché derrière la critique :
– Les enseignants sont tous des fainéants !
– Mais, c'est de la jalousie…

Nous avons aussi la possibilité de gonfler la critique de façon à rendre la situation comique :

– Vraiment, ta voiture est nulle : elle n'avance pas et c'est un tas de ferraille !

– Et attends, tu n'as encore rien vu ! Demain, je mets des pédales pour faire des économies !

L'attaque n'a plus alors de consistance et l'agresseur n'aura aucune prise sur nous. Les autres personnes présentes vont sourire et ne retiendront rien qui puisse nous affecter. De surcroît, l'ambiance est restée sereine.

CHAPITRE XII

Les compliments

Donner et recevoir des compliments est une caractéristique essentielle dans les relations humaines.

Un compliment peut être une façon de remarquer une nouveauté, de reconnaître l'autre tel qu'il est. Le compliment peut aussi être un encouragement, des félicitations. Il traduit parfois une marque d'affection.

1. Je m'adresse des compliments

Afin de m'aider, je suis la première personne à qui je dois adresser des compliments : encouragements, félicitations, etc. Cela afin que je puisse tout naturellement m'apprécier et, disons le tout net : m'aimer.

Il est important que je m'encourage et me félicite pour mes actions réussies, au lieu de me fixer sur mes erreurs et me réprimander.

Ma bonne santé mentale passe par les compliments et les encouragements que je m'adresse.

Lorsque je parle avec d'autres, je peux parler de moi, de mes problèmes, mais il est important aussi de dire ce qui va bien, mes points positifs, mes qualités sans pour autant tomber dans la vantardise.

Ne sommes-nous pas tous attirés par des gens souriants, ouverts et positifs ? Les personnes déprimées qui ne parlent qu'en exprimant des plaintes ne sont pas recherchées.

Les positifs sont pulseurs d'énergie ; les déprimés sont demandeurs d'énergie.

Et, c'est la spirale : plus je vois la vie en noir, plus je me plains. Je deviens une batterie vide qui a besoin des autres pour me recharger, et les autres ont alors tendance à fuir.

2. La flatterie

La flatterie relève de la manipulation : « Je donne des compliments afin de pouvoir mieux obtenir ce que je désire. »

Exemple :

« Peux-tu me prêter 100 F ? Je sais que tu es sympa *(flatterie)* et que tu ne me les refuseras pas *(manipulation).* »

Etre manipulé par des compliments et, au bout du compte se sentir trompé, voici une des raisons pour lesquelles nous acceptons difficilement un compliment. De plus, nos structures éducatives occidentales pointent en permanence nos erreurs, nos défauts. Nous ne sommes pas assez reconnus dans nos aspects positifs, et c'est pourtant cela qui nous aiderait à progresser et à être mieux.

Autour de nous, nombre de personnes se plaignent. La télévision, la radio ou les journaux, relatent les drames et les meurtres. Mais, combien de fois voit-on en gros titre sur la une un fait positif ? A tel point que l'on finit par croire qu'il n'y a que des événements tragiques et que l'avenir est complètement bouché !

Je peux aussi compter le nombre de fois où je suis complimenté ou simplement remercié dans mon travail !...

Revenons un instant aux compliments que nous recevons. Nous sommes souvent aussi gêné par un compliment qui nous est adressé que par une critique. Par rapport à quelque chose que l'on nous offre – et un compliment en particulier – ne nous a-t-on pas inculqué qu'il faut se sentir gêné et ne pas accepter ce que l'on nous donne ? Et si j'étais redevable de quelque chose ? J'aurais une dette ! Je ne serais plus totalement libre et je ne pourrais plus tout maîtriser ! Quel problème !... Et, dès lors, le laisser-aller (positif) et le lâcher prise ne sont plus franchement ce qui me caractérise.

Exemple :

– Chris : « Je trouve que tu as eu très bon goût d'acheter cette jupe. »
– Amande : « Oh ! tu parles, je l'ai achetée hier en solde ! »
– Chris : « En plus, elle va très bien avec ton chemisier. »
– Amande : « Ah ! par contre, lui, n'est pas neuf ! »
– Chris : « En tout cas, l'ensemble te va très bien. »
– Amande : « Tu sais, je ne me suis vraiment pas fatiguée. »

Chris est sincère et Amande n'accepte pas les compliments, comme si tout cela était « normal ». Devant le refus, Chris et les personnes qui entourent Amande auront tendance à exprimer de moins en moins de compliments, et ce serait tout de même dommage, non ?

Il y a de fortes chances pour que, face à la moindre critique, Amande se dévalorise et fonde en justifications.

3. Je reçois des compliments justes et sincères

Lorsque nous recevons un compliment juste et sincère, nous pouvons le considérer comme un cadeau, comme une marque de sympathie ou d'affection. Il suffit alors de remercier la personne du compliment qu'elle vient de nous offrir.

Reprenons l'exemple précédent :

– Chris : « Je trouve que tu as eu très bon goût d'acheter cette jupe. »

– Amande (souriante) : « Oui, je l'aime beaucoup. » *(Révélation des sentiments.)*

– Chris : « En plus, elle va très bien avec ton chemisier. »

– Amande : « Ah ! oui ! c'est un chemisier qui m'a toujours plu. » *(Révélation des sentiments.)*

– Chris : « En tout cas, l'ensemble te va très bien. »

– Amande : « Merci. Et en plus, je suis super contente, j'ai trouvé cette jupe en un quart d'heure et j'ai pu m'habiller exactement comme j'aime. » *(Révélation des sentiments.)*

Amande s'affirme, accepte simplement les compliments. Elle accepte aussi de se faire reconnaître telle qu'elle est et s'apprécie elle-même. Dans cet exemple, Amande est positive.

4. Je reçois des compliments qui sonnent faux

Lorsque nous recevons un compliment qui sonne faux, nous devons bien sûr nous en défendre et faire remarquer clairement à l'autre que nous ne sommes pas d'accord avec son compliment et, s'il devient trop envahissant, qu'il ne doit plus insister.

Exprimer clairement à l'autre que nous n'acceptons pas le compliment revient à le lui rendre.

Exemple :

Au cours d'une soirée dansante.

M. Isolé : « Vous savez que vous dansez vraiment bien *(flatterie).* »

Mlle Seule : « Non, je ne trouve pas *(n'accepte pas le compliment).* »

M. Isolé : « Mais pourtant, à vous voir… »

Mlle Seule : « Certes, mais c'est tout ce que je sais faire. »

M. Isolé : « Je vous inviterai pour une valse, je suis sûr que ça tournera bien avec vous *(flatterie).* »

Mlle Seule : « Non merci, je préfère rester seule *(affirmation de soi).* »

M. Isolé : « Allez, à la prochaine danse, O. K. *(manipulation)* ? »

Mlle Seule : « N'insistez pas, je ne danserai pas avec vous *(disque rayé).* »

Pour finir, cet exemple a montré que Mlle Seule est sans conteste quelqu'un d'affirmé.

Solution au problème des neuf points (p. 38)

Comment relier les neuf points entre eux par quatre lignes droites seulement et sans que votre crayon ne quitte la surface du papier… ni ne repasse sur aucune ligne :

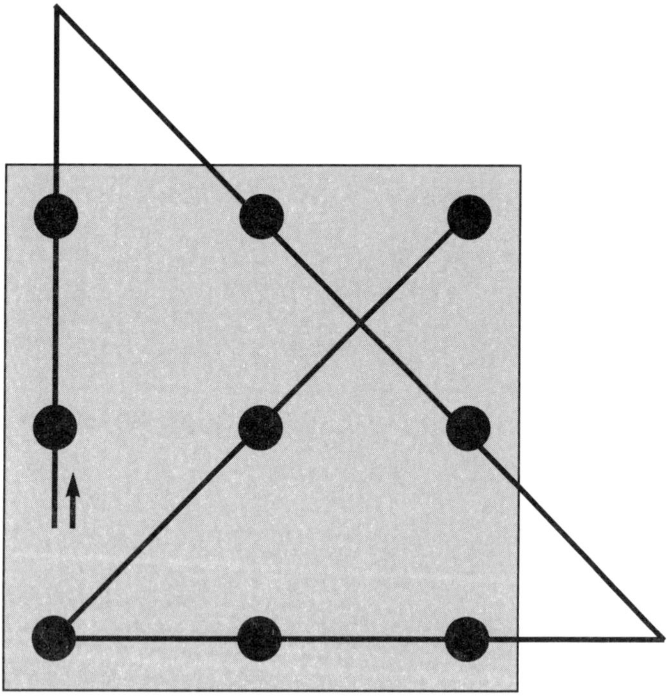

***Conclusion :** il est parfois nécessaire de sortir du cadre pour mieux y revenir !*

Conclusion

Vous venez de finir cet ouvrage :
– Vous a-t-il intéressé ?
– Qu'est-ce qui vous a le plus marqué ?

Je vous laisse maintenant le soin de reprendre les outils qui vous semblent utiles et de mettre tout cela en pratique, d'essayer, de tester, et d'aller toujours plus loin dans la connaissance de soi et des autres. Après tout, la vie est faite aussi pour cela, non ?

… et, si vous souhaitez exprimer quelques remarques constructives à propos de *Je m'affirme !,* alors n'hésitez pas ; écrivez à :

ASSOCIATION DE COMMUNICATION
ET RELATIONS HUMAINES
9, rue du Capitaine-Lepage
37540 Saint-Cyr-sur-Loire

qui transmettra.

L'Association de communication et relations humaines organise régulièrement des stages sur le thème de l'affirmation de soi avec des jeux de rôle et des fiches explicatives.

Bibliographie

Alberti-Emmons : *Affirmez-vous* (Edisem ; 1978).

Bergson, Henri : *La Communication c'est tout* (Editions de l'Homme).

Berne, Eric : *Des jeux et des hommes* (Stock ; 1975) – *Les Outils de base de l'A.T.E.S.F.* (Paris ; 1987).

De Pannafieu, J. : *Le Trac* (Robert Laffont).

Estrade, Patrick : *Bonjour l'ambiance ! Comment améliorer les relations humaines en milieu professionnel* (Dangles).

Gordon, T. : *Parents efficaces* (communication entre parents et enfants ; Editions du Jour).

Houel, Alain : *Comment faire face aux gens difficiles dans vos relations quotidiennes* (Dangles).

Hurteau Mignon, Chantal et Jaouën, Christophe : *Cherche âme sœur. Pour en finir avec la solitude...* (Dangles).

Julien, Patrice : *Cette vie dont vous êtes le héros...* (programmation neuro-linguistique) (Dangles).

Robbins, Antony : *Pouvoirs illimités* (P.N.L.) (Robert Laffont).

Salomé, Jacques : *T'es toi quand tu parles* (Albin Michel) – *Parle-moi... j'ai des choses à te dire* (Editions de l'Homme).

Sulzer, F. : *Les Gestes vérités* (Sand).

Table des matières

Première partie : **Pourquoi m'affirmer ?**

Deuxième partie : **L'affirmation de soi**

L'impression de cet ouvrage
a été réalisée par CLERC S.A.
18200 SAINT-AMAND-MONTROND – Tél. : 48-96-41-50
pour le compte des EDITIONS DANGLES
18, rue Lavoisier – 45800 ST-JEAN-DE-BRAYE
Dépôt légal Editeur n° 1998 – Imprimeur n° 5756
Achevé d'imprimer en avril 1995

Dans la même collection :

Paul-Clément JAGOT :

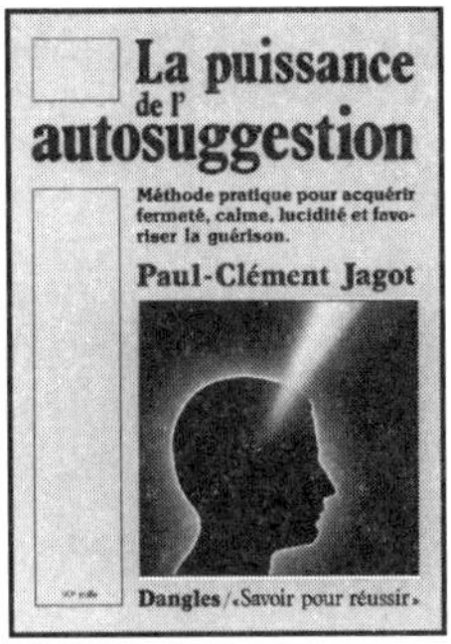

LA PUISSANCE DE L'AUTO-SUGGESTION. Méthode pratique pour acquérir fermeté, calme, lucidité et favoriser la guérison.

Format 15 x 21 ; 160 pages.

Il n'est guère d'objectif qui reste inaccessible à la force de la volonté humaine. Au lieu de nous laisser passivement dominer par nos impulsions, par l'idée spontanée, nous devons nous entraîner à l'idée réfléchie. Tel est l'art de l'autosuggestion, mise en évidence par Emile Coué : introduire dans le cours normal de notre pensée des visualisations mentales expressives de l'objectif visé, dans quelque domaine que ce soit : privé, affectif, professionnel, santé... afin de favoriser sa réalisation sur un plan tangible.
Par l'autosuggestion, chacun peut acquérir sur lui-même une influence considérable : modifier sa personnalité, ses tendances ou ses penchants, rompre avec une habitude néfaste, acquérir la force de caractère et la fermeté qui caractérisent ceux qui réussissent, favoriser la guérison de nombreuses maladies...
Ce livre, **essentiellement pratique,** écrit par un spécialiste dont la réputation n'est plus à faire, constitue un manuel clair et précis, d'application immédiate dans votre vie quotidienne. Une importante partie traite également de l'art de suggestionner autrui.

Antoine LUZY :

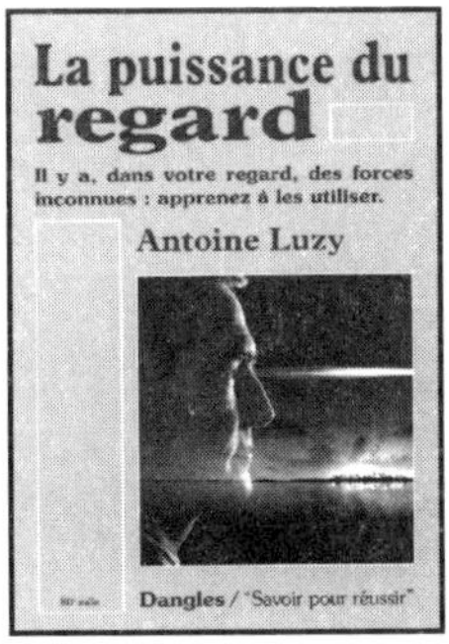

LA PUISSANCE DU REGARD. Il y a, dans votre regard, des forces inconnues : apprenez à les utiliser.

Format 15 x 21 ; 144 pages

Le langage des yeux, tout en dévoilant des choses qu'aucune langue ne peut exprimer, a toujours été universellement compris par les humains de tous les pays et de toutes les races. C'est le **reflet de la vie intérieure,** des sentiments, des passions, du chagrin, de l'ironie, de la droiture ou de la fourberie.
La rencontre de deux individus est avant tout la rencontre de deux regards. L'analyse du regard de vos interlocuteurs vous permettra non seulement de vous former votre première impression, mais vous révélera également leur caractère profond et leurs intentions cachées. De plus, vous pourrez vous-même acquérir, par les exercices ici décrits, ce regard pénétrant et scrutateur devant lequel tous les artifices et tromperies resteront vains. Votre regard vous secondera comme un ami ; il deviendra une force qui vous aidera beaucoup à persuader, infléchir et conquérir.
Un « gagnant » possède un regard qui « en impose » et qui persuade. Vous deviendrez cet homme !